不尴尬社交

摩登 著

苏州新闻出版集团
古吴轩出版社

图书在版编目（CIP）数据

不尴尬社交 / 摩登著. —— 苏州：古吴轩出版社，
2019.11（2023.10重印）
ISBN 978-7-5546-1408-2

Ⅰ. ①不… Ⅱ. ①摩… Ⅲ. ①心理交往－通俗读物
Ⅳ. ①C912.11-49

中国版本图书馆CIP数据核字(2019)第193046号

责任编辑：蒋丽华
见习编辑：顾　熙
策　　划：董丽艳
装帧设计：竹石文化

书　　名：不尴尬社交
著　　者：摩　登
出版发行：苏州新闻出版集团
　　　　　古吴轩出版社
　　　　　地址：苏州市八达街118号苏州新闻大厦30F
　　　　　电话：0512-65233679　　邮编：215123
出 版 人：王乐飞
印　　刷：唐山市铭诚印刷有限公司
开　　本：880mm×1230mm　　1/32
印　　张：8
版　　次：2019年11月第1版
印　　次：2023年10月第2次印刷
书　　号：ISBN 978-7-5546-1408-2
定　　价：39.80元

如有印装质量问题，请与印刷厂联系：022-69236860

不尴尬社交其实很简单

你遇到过尴尬的事情吗？

对于这个问题，相信很多人都会回答"是"。

在与人交往的过程中，我们不免会遇到尴尬的事情，会陷入窘境，有些人甚至深受其害，将这些尴尬看成自己的"黑历史"，试图将这些尴尬埋藏在心中的一个角落里，再也不提起，谁提就跟谁急。

其实，遇到尴尬并不可怕，遭遇尴尬却不知如何化解才真正令人难堪。如果你在遇到突发状况时可以化解尴尬，不仅自己不会觉得不自在，还会让他人对你另眼相看，乐于与你交往。所以，掌握避免尴尬的技巧，学会化解尴尬，能够让你与他人愉快地交往、相处，体验社交活动的乐趣。这也是本书的创作宗旨。

我们每天都要面对各种各样的人，比如陌生人、同事、朋友、恋人、家人等。在这些复杂的人际关系中，出现的尴尬情境也大不相同。

比如，在面对陌生人时，我们会为说什么话题来打破冷场局面而着急；在面对领导与同事时，我们会因为与领导存在意见分歧而不知道该如何开展工作，会因为与同事产生矛盾后不知如何化解而感到尴尬；在面对朋友时，我们会为不知道如何化解朋友间的冲突而感到尴尬；在与异性约会时，我们会遭遇"我请客，你掏钱"的尴尬；在面对长辈时，我们会碰到与伴侣的父母单独相处的尴尬……

不论是哪种尴尬情况，都会让我们十分苦恼，而避免或者灵活地应对这些尴尬的情况，将尴尬瞬间巧妙地化解，能够让我们在与人相处时更自在。

所谓不尴尬社交，就是如何与人进行有效的沟通、交往，既能避免自己成为尴尬的源头，又能够在遭遇尴尬之时灵活地应对各种突发状况，化尴尬为精彩。

本书分为上篇与下篇两部分内容。其中，上篇主要讲注意社交细节，以避免出现社交尴尬；下篇主要讲在不同的社交场合经常会遇到的尴尬情况，并给予针对性的化解策略。

其中，上篇主要包括了解社交心理、塑造自我形象、学习社交礼仪、读懂对方的肢体语言和避开他人的敏感地带这五个方面的内容。下篇主要从日常生活中所遇到的尴尬场景入手，包括在与陌生人、领导、同事、朋友、恋人、家人等相处时，如何巧妙地化解尴尬。

相信很多人都有这样的经验：如果你身边的人打哈欠，或者干劲不足时，你也会受到影响，变得没有劲头。其实，尴尬也是会"传染"的。当你感觉尴尬的时候，对方也会产生同样的感觉；同样，当你感觉气氛轻松时，对方也会像是与你产生心灵感应般觉得气氛轻松。所以，如果你能化解尴尬的气氛，不仅能帮助自己摆脱尴尬，也能帮助他人释放压力。

赶紧翻开本书，学习不尴尬社交的技巧吧。相信本书会让你在与人交往中感到放松，同时也能消除对方的尴尬，让交往氛围变得轻松愉快。你会发现，不尴尬社交其实真的很简单！

上篇　注重细节，有效避免社交尴尬

第一章　了解社交心理，做一个高段位的社交者

004　小测试：你属于哪种人际交往类型？
008　良好的社交是人类基本的心理需求
011　那些不忍回想的尴尬时刻
014　为什么一开口就犯尴尬症
017　社交尴尬属于孤独症吗
019　流畅社交并没有那么难
022　投射效应：人心各不同，切莫以己度人

第二章　塑造自我形象，让社交像呼吸一样自然

026　小测试：你给别人的第一印象如何？
030　未语先笑，用微笑打破彼此的拘束
033　展示自信的风采，吸引别人主动结识你
037　整洁装束，为你打开社交之门
040　穿衣得体，邋遢只会令人不自在
043　选对饰物，整体协调才会给人舒适感

046 别让卫生小细节害你丢了面子

050 首因效应:与人交往时第一印象至关重要

第三章 言行有礼,别因不懂社交礼仪陷入窘境

054 小测试:你是个受欢迎的人吗?

058 礼貌用语挂嘴边,摩擦冲突都不见

061 抢了对方的话头,小心引起他人的不满

063 不要只顾自己过嘴瘾,当心惹人不快

066 迟到与失约是人际交往中的大忌

068 面对无礼冲撞,让人一次又何妨

071 用商量代替命令,别把他人置于尴尬之地

074 交际氛围定律:营造良好的交际氛围,有助于社交成功

第四章 读懂对方的肢体语言,顺其心意不"尬聊"

078 小测试:你知道自己的真实性格吗?

081 摇头:你的观点我不敢苟同

084 遮住眼睛:我不想继续聊这个话题

087 摸鼻子:我撒谎了,你别再问了

089 嘴部小动作:我感到有压力

092 稍息腿:我的心并不在你这里

095　频繁看手机：你该主动告辞了

097　古德定律：准确理解对方的想法才能成功

第五章　避开敏感地带，有分寸的社交更令人愉快

100　小测试：你懂人情世故吗？

104　再好的关系，也需要保持一定的距离

107　有种尴尬叫心直口快

110　与人交往要留有余地，不要绝对化

114　认准"面子定律"，别伤了对方的面子

117　搬弄是非，小心搬起石头砸自己的脚

120　哪壶不开提哪壶，难怪你不受欢迎

123　不拿隐私当笑料，开玩笑也要有底线

125　刺猬法则：与人交往要保持适当的距离

下篇　分清场合，轻松化解社交尴尬

第六章　真诚和幽默，能有效打破与陌生人之间的僵局

130　小测试：你是否善于交际？

134　初次相见两无言，不妨先做个自我介绍

137　密闭空间里没话说，找个共同话题来救场

140　不会闲聊，说点"废话"也不错

143 "您叫什么？"忘记名字好尴尬

146 对方喋喋不休，不妨在他兴头上插嘴

149 话题被聊死，"恋战"要不得

152 晕轮效应：从不同方面了解他人，忌以偏概全

第七章 懂点"尬聊"化解法，让职场人际关系更融洽

156 小测试：你的职场问题处理能力如何？

160 电梯里遇到领导，同样能愉快聊天

163 口误了，用反问补错圆回来

165 做即兴发言，套用"三步走"策略

168 同事小聚变吐槽大会后，这样调节气氛

171 与领导存在意见分歧，没错也可以先认错

175 遇客户投诉，用"只有你"浇灭其怒火

178 白德巴定理：多说无益，请少说多听

第八章 打造社交亲和力，化身朋友圈的暖场王

182 小测试：你会如何处理交际难题？

184 聚会没话聊，用黄金话题打破僵局

187 对方习惯说丧气话，顺着他说才有用

190 三句话不离自己，试试"移花接木"

193 见到久违的老朋友，遥想当年让气氛升温

195 朋友之间发生冲突，你来打个圆场

198 互惠关系定律：帮助别人就是帮助自己

第九章 修炼"恋爱心法"，浪漫约会不再尴尬

202 小测试：你的恋爱弱点是什么？

204 初次约会意外不断，把你的尴尬说出来

207 与异性没话聊，以请教的姿态创造话题

209 "我请客，你掏钱"的尴尬化解法

212 化妆变花妆，约会晕妆太尴尬

215 情侣吵架，说点"土味"情话

218 取消约会，别忘了"你最重要"的原则

221 相悦定律：喜欢是一个相互的过程

第十章 与家人相处要以柔克刚，有话好好说才不难堪

224 小测试：测测你的社交回避程度

226 丈夫不愿做家务，不妨先夸夸他

228 与伴侣的家人聊天，认准最佳话题

231　不便直接交锋，不妨找个和事佬

233　婆婆干涉孩子的教育，用肯定化解争执

236　亲戚家的孩子总捣乱，让他自己做个选择

239　赞美定律：夸奖会缩短人与人之间的心理距离

后记

> 注重细节,
> 有效避免社交尴尬

上篇

第一章

了解社交心理，做一个高段位的社交者

与人交往是我们的一种基本情感需求，每个人都无法脱离社交圈而独自存在。不论是家人、朋友、同事还是陌生人，我们都要与他们交往，而如果交往方式不当，我们就会陷入尴尬局面，甚至会使双方的关系降至冰点。了解自己的性格特点与社交类型，读懂他人的社交心理，我们就可以构建流畅的社交，与人自然地交往。

小测试：你属于哪种人际交往类型？

由于个人的成长与发展环境存在差异，在社交中每个人的表现都不同，形成了各自特有的人际关系倾向。从心理学的角度来说，人的气质没有好坏之分，以气质为基础的人际交往类型也没有好坏之分。了解自己的人际交往类型，你对自己会有更深入的认识。

请你对下列描述做出"是"或"否"的回答。

1. 我碰到熟人时会主动打招呼。
2. 我经常主动联系朋友，表达思念之情。
3. 旅行时我经常会与不相识的人闲谈。
4. 有朋友来访时，我打心底里感到高兴。
5. 没有人帮忙引见时，我很少主动与陌生人谈话。
6. 我喜欢在群体中发表自己的见解。
7. 我同情弱者。
8. 我喜欢给别人出主意。
9. 我做事时总喜欢有人陪伴。
10. 我很容易被朋友说服。

11. 我总是特别注意自己的仪表。

12. 如果约会迟到，我会长时间感到不安。

13. 我很少与异性交往。

14. 我到朋友家做客时从不会觉得不自在。

15. 与朋友一起搭乘交通工具时，我不在乎谁付款。

16. 我给朋友发消息时常诉说自己最近的烦恼。

17. 我常能交上新的知心朋友。

18. 我喜欢与有独到之处的人交往。

19. 我觉得随便暴露自己的内心世界是很危险的事情。

20. 我对发表意见很慎重。

✓ 评分规则

第1、2、3、4、6、7、8、9、11、12、13、16、17、18题答"是"计1分，答"否"不计分；第5、10、14、15、19、20题答"否"计1分，答"是"不计分。

✓ 结果说明

1～5题：主动性水平

得分高的人在社交中偏于主动型，他们总是采取积极主动的方式，会主动结交他人，在人际关系方面对自己比较有信心。即使遇到一些误解和挫折，他们也能坦然面对，具有很强的适应能力，不斤斤计较，善于处理复杂的人际关系，适合从事教师、推销员等职业。

得分低的人在社交中偏于被动型，他们在与人交往的过程中总是采取消极、被动的退缩方式，总是等待别人先接纳自己。他们担心别人不理解自己，担心自己会处于窘迫的局面，担心伤自尊。这种类型的人适合从事不常与人打交道的职业，如机械维修工、电工等。

6~10题：支配性水平

得分高的人在社交中倾向于领袖型，在与人交往时表现出好强固执、独立积极等特质，有强烈的支配和命令别人的欲望。在职业的选择上，这类人倾向于从事管理人员、工程师、作家、心理学家等职业。

得分低的人在社交中倾向于依从型，在与人交往时表现出谦卑、温顺、随和的特质，独立性较差，适合从事按照既定要求工作且工作内容比较简单的职业，比如办公室文员、非技术操作工等。

11~15题：交往规范性程度

得分高的人在社交中偏于严谨型，有很强的责任心，做事细心周到，有始有终，适合从事警察、社团领袖、业务主管等职业。

得分低的人在社交中偏于随便型，不会墨守成规，脑中经常迸发出不一样的想法。在职业上倾向于艺术家、作家等。

16~20题：交往开放性程度

得分高的人在社交中偏于开放型，善于与不同类型的人交朋友，对他人持开放、接纳的态度，善于体贴他人，也容易适应环境。在职业方面，这类人适合从事会计、空乘、服务员等职业。

得分低的人在社交中偏于闭锁型，在集体中一般会与他人保持距离。一般来说，比较适合从事编辑、艺术、科学研究等职业。

如果得分处于中等水平，既不偏向最高分，也不偏向最低分，则表明在社交中的交往倾向不明显，属于中间综合型的交往者。

良好的社交是人类基本的心理需求

> 社交是我们"刷存在感"的一种方式,如果无法得到关注,我们就会觉得难受。

我们总是通过各种形式来参与社交,在与他人的交往中,强化自我意识,从而减少自己缺乏存在感所带来的不安。尴尬的社交带给我们的不仅仅是身体上的不适,如表情僵硬、反应迟钝、心跳加速、呼吸急促等,还有心理上的不舒服,如缺乏满足感等。

20世纪50年代,著名心理学家亚伯拉罕·马斯洛提出了人类需求五层次理论。

马斯洛认为,人类的动机是由多种不同层次与性质的需求组成的,而各种需求间有高低层次和顺序之分。他将人的需求划分为五个层次,由低到高分别为生理需求、安全需求、归属需求、尊重需求和自我实现需求。其中,归属需求即社交需求,位于第三位。

1995年,社会心理学家罗伊·鲍迈斯特和马克·利里对众多相关研究进行了梳理，并指出归属感是人类的一项基本情感需求，维持良好人际关系的需求和吃饭、喝水这类生理需求一样重要。在一些情况下，人们甚至会通过牺牲生理需求的方式来满足归属需求。由此可见社交对人的重要性。

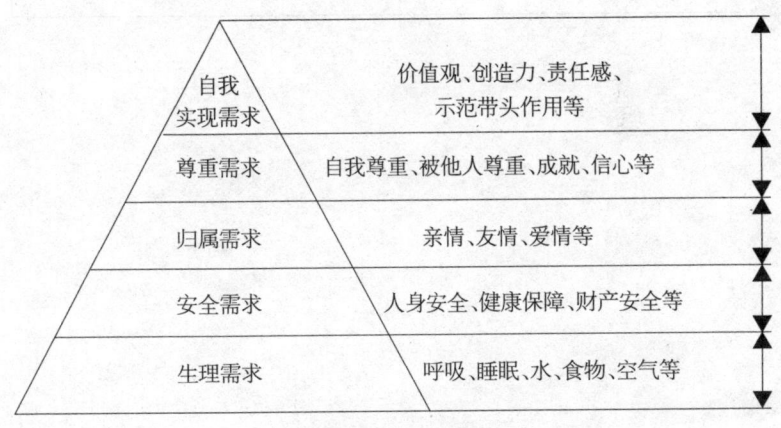

马斯洛需求层次理论

良好社交同样会带来让人意想不到的好处。对人类幸福感进行研究的积极心理学家埃德·迪纳和其他一些研究者发现，当人们处于满意的人际关系中时，他们的幸福感更强。而且，那些拥有满意的人际关系的个体健康状况更好，寿命也更长。

可以说，良好的社交是人类基本的心理需求，而对于那些不善社交的人来说，这种心理需求很难得到满足，就好像是心丢失了一角。

因此,让不善社交的人学会避免尴尬、化解尴尬,就可以弥补他们在社交活动中的遗憾,提升他们的幸福感。

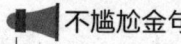

不尴尬金句

良好的社交如同美味可口的食物,会带给我们满足感。

那些不忍回想的尴尬时刻

> 回想曾经的尴尬时刻,我们都不禁眉头一皱,脚一跺,感叹道:"我为什么没有这样做?!"

请你先想一想:你最近的一次尴尬经历是什么时候?发生了什么事?你又是如何化解尴尬的?

不可否认,每个人都会遭遇尴尬,或者是走路时被绊了一跤,或者是触碰展览品时被制止,或者是说了得罪人的话,或者是与人握手时手心出汗,或者是打招呼时忘记了对方的名字,或者是请客吃饭忘带钱包……

令人感到尴尬的情形可能是由自己造成的,也可能是由他人造成的。但不论是由谁造成的尴尬,我们都会觉得十分难熬,甚至想要找个地缝赶紧钻进去。

有时候,我们在遭遇尴尬的那一瞬间会变得呆滞木讷,不知如何是好,于是只能任由尴尬的气氛自行消散,结果我们大多也会不欢而散。而在回想尴尬的经历时，我们会十分懊恼，责怪自己："我真笨，我本来应该那样做的，如果那样做就好了。"但当同样的情形再次发生时，同样的"悲剧"又会再次上演。究其根本，是我们不善社交。

善于社交的人对社交情境有一种天然的直觉，他们很容易就能理解别人的意图，并做出恰当的回应，令人与他们相处时感到舒适。但是对于不善于社交的人来说，他们则需要努力才能弄懂别人的意图，然后再琢磨出应该如何回应，且回应的方式未必恰当，很容易令他人厌烦。

对于善于社交的人来说，偶尔碰到几次尴尬的情况并没有什么关系，他们会利用自己的智慧和幽默化解尴尬。即使化解不了尴尬，这对于他们今后的人际交往也并不会有什么影响。

但是，对于不善于社交的人来说，他们遭遇尴尬的概率本来就相对较高，而他们又没有办法化解这种尴尬，久而久之，这些尴尬时刻就会成为他们的心理负担，使他们对社交活动产生抵触心理，更难融入人际交往中。

值得高兴的是，即使是不善于社交的人，也可以通过自己的努力与学习，了解一些基本的社交原理，掌握社交技能，从而有效地避免社交尴尬，或者在发生尴尬后机智地化解，将那些尴尬时刻变成值得回味的美妙瞬间，让社交活动变得更加精彩。

不尴尬金句

尴尬通常发生在与我们的社交预期有所偏离之时。与其悔恨自己做得不好,不如努力化尴尬为精彩。

为什么一开口就犯尴尬症

> 一开口就犯尴尬症,我们又如何一起看雪、看月亮,从诗词歌赋谈到人生哲学呢?

在与他人的沟通交流中,最令人感到难受的就是"尬聊"。一个不会聊天的沟通对象,瞬间就会使气氛降至冰点,把天"聊死"。而令人遗憾的是,我们常常是那个不会聊天的人,是那个自带冷场技能的社交者。

为什么我一开口就犯尴尬症?为什么同样的话题我说了没人理会?为什么我无法理解别人的笑点,别人也无法理解我的幽默?……

你是否经常有这样的困惑:自己明明没有恶意,也并不觉得说错了什么、做错了什么,但别人的反应就是两手一摊,表情无奈,像在说着"好尴尬呀"。

别急,我们先来看以下几个情景。

（1）一个朋友跟男朋友闹别扭了，向你吐槽男朋友如何不好。你在一旁宽慰她："这种人，你还是和他分手吧！"朋友不可置信地瞪着你。

（2）在火车上，一个陌生人朝你走过来，说道："不好意思，里面是我的座位，麻烦让一下。"你一句话也不讲，站起来让他进去。他对你表示了感谢，然后，你们相对无言。

（3）朋友兴高采烈地给你发消息，告诉你今天发生的趣事，分享自己的喜悦心情，结果你只回了"呵呵"两个字。

以上几种情景，你是不是觉得很熟悉呢？分析一下以上这些令人感到尴尬的情景，我们就能知道为什么自己一开口就犯尴尬症了。主要原因有以下三种。

1. 误解他人的意思

很多人容易一开口就说错话的原因在于他们误解了别人的意思，没有读懂别人想要表达的真正含义，所以说出了不合适的话，令双方都十分尴尬。正如情景（1）中所描述的那样。如果你明白了朋友表达的真正意思，知道她只是一时气愤，并不是想分手，那么你就不会因为失言而惹朋友不快了。

2. 没有做出很好的回应

很多人经常一开口就冷场，他们不知道该说些什么，能说些什么，于是在多次感到尴尬之后，沉默便成了他们避免冒犯他人的法宝，正如情景（2）中所描述的那样。

沉默有时也会让人尴尬，因此，互动与回应是必要的。试想一下，如果你可以顺势跟对方搭腔："你也是去泰山旅游吗？"相信对方也会热情地回应你，那么这一路上你们就会过得十分愉快了。

3. 缺少共情

共情指的是能理解他人的情绪并做出恰当反应的能力。要成为一个好的社交者，就要与他人建立融洽的关系，学会与他人产生共情。如果你像情景（3）中的人一样，在他人谈到激动之处时回以"呵呵"，那么你招致他人的反感也就不奇怪了。

要知道，当你对他人所说的事情表示感兴趣时，你传达出的不仅是对这件事本身感兴趣，还是对这个人的关切，这可以满足对方寻求关注的内在需求。

另外，与交往对象之间的亲疏关系、在什么样的社交场合等因素对社交活动也有影响，我们要根据具体情况来考虑。

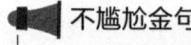
不尴尬金句

　　谨慎开口不等于不开口，尽量少说"呵呵"。

社交尴尬属于孤独症吗

> 社交尴尬与孤独症并不是一回事,不要把尴尬看成孤独症,更不要把尴尬作为你不善社交的借口。

很多不善社交者都会给人留下冷漠、孤僻、不愿分享的印象,他们羞于社交,只喜欢安安静静地做自己的事情,不喜欢与人互动,很少参与集体性的活动,这些特立独行的个性常常会让人将他们的行为与孤独症画等号。但社交尴尬和孤独症并不是一回事。

社交尴尬和孤独症的区别并不难理解,就像气质忧郁的人并不一定会被诊断为忧郁症患者,一个讲究条理的人并不一定会被诊断为强迫症一样。

孤独症是以社交技能和沟通能力缺陷为主要特征的精神疾病,如语言发育迟滞,行为重复刻板,对声音、光线等无反应或过度反应。

除了从语义上来区别社交尴尬与孤独症,我们还可以从结果方面来区分。孤独症带来的社交功能损害和重复性行为比社交尴尬所带来的社交技能的缺失和行为刻板要严重得多。在中度、重度孤独症患者中，超过50%的人同时患有智力障碍，甚至有很多人无法生活自理。

虽然不善社交者情况没那么严重，但是对于他们来说，简单的社交活动，比如去超市购物、与同事交谈等，也会让他们感到困难，产生不适，更别说要适应那些复杂的社交活动了。

很多不善社交者的内心是十分矛盾的。一方面，在与人交往过程中的笨拙会让他们对社交产生胆怯与抵触心理，从而使他们对社交活动更加抵触；另一方面，他们希望加入社交活动中，希望成为人群中的一分子，心里也时常怀着这样的想法：只要人们愿意了解我，他们就会喜欢上我。

除了孤独症，内向也常常被看作社交尴尬的同义词。虽然内向与社交尴尬存在某些联系，但不能将它们等同看待。可以说，内向与个人参与社交互动的意愿有关，而尴尬则与个人有效互动的能力有关。

不尴尬金句

社交尴尬并不是你的错，明知自己会尴尬却不做出改变，就是你的错了。

流畅社交并没有那么难

> 流畅社交,就是要避免话卡在喉咙里,说不出来。

当在社交活动中遭遇尴尬时,我们的状态大多是呆住、卡壳,仿佛时间停在了那一刻。所谓"流畅社交",指的是在遭遇尴尬后依然能够巧妙化解,或者提前准备好,以预防尴尬情况的出现,从而使交往得以在良好的氛围中继续进行。

不尴尬社交一定是让双方都感到舒服的,如果其中一方想要尽快结束话题,而另一方却茫然不知,依然滔滔不绝,那这自然也是一场尴尬的社交。

有时候,看似交往很顺畅,但实际上你的谈话与行为一直在拉低自己在对方心中的分数。

我们来看以下几个情景。

(1)在一场聚会上,一个陌生人站在离你一米远处,你上下打量这个陌生人，正巧对方看到了你的这一行为。

（2）你和一个朋友聊天，朋友一言不发，点头如捣蒜，你却一直说个不停。

（3）老板找你谈话，问你对公司有什么看法。你一张口就说个不停，而老板脸上的笑容逐渐消失。

你是不是经常会遭遇这些尴尬的事情呢？无礼地盯着对方看，结果被对方发现了；朋友点头如捣蒜，你还觉得对方希望你继续说下去；给老板提建议，结果惹怒了老板……

面对这些尴尬时，你是不是后知后觉者呢？甚至有时一直蒙在鼓里，浑然不知？

如果我们在与人交往的过程中，一直这么不识时务，那么显然，愿意接触我们的人就会越来越少。

因此，在与人交往的过程中，我们不仅要管好自己，还要配合合适的肢体动作表现自己，以免让人产生不适的感觉，认为我们很无礼，而不愿与我们交往。

与此同时，我们还要关注对方的非语言信号，比如目光的移动、噘嘴、点头如捣蒜、用手揉眼睛、身体后倾等。这有助于我们理解对方当时的感受与真正的想法，从而做到及时止损，改变自身的行为，缓和尴尬的局面。

但是对于不善社交的我们来说，这些恰恰是令我们感到为难的地方，也正是我们需要学习的地方。学过之后，你就会发现，流畅社交并没有那么难，化解尴尬原来如此简单。

📢 **不尴尬金句**

尴尬能免则免，免不了就努力化解，做好自己该做的即可。

投射效应：人心各不同，切莫以己度人

> 投射效应指的是将自己的特点归因到他人身上的倾向，也就是我们常说的"以己度人"。

在与人交往的过程中，我们总是习惯性地认为他人与自己具有同样的感情、意志、好恶、欲望等。尤其是对于那些与自己的身份、地位、年龄等相同或相似的人，我们更是会将自己的这些特性强加到他们身上，对他们产生认知障碍。

比如：一个心地善良的人总是认为别人也都是善良的，不会伤害自己；而一个敏感多疑的人经常会怀疑他人，觉得他人会对自己不利。这种投射效应心理缺少客观性，会让我们对他人产生严重的认知偏差。

投射效应的产生主要受两个方面因素的影响：一是感情投射，即认为他人的好恶、想法与自己的相同，因而便按照自己的思想揣度他人，试图影响他人；二是认知缺乏客观性，在看待他人时不够

公正、客观。

具体来说，投射效应有以下三种表现形式。

表现形式	基本含义	常见事例
相同投射	把自己的想法与感受强加给对方	有的老师在讲课时认为某些知识点很简单，便觉得学生都懂，于是就不进行详细讲解
愿望投射	把自己的主观愿望强加给对方，把希望当成现实	一个工作积极的员工，希望并相信老板对他很满意，于是便将老板的一般性话语当成赞赏
情感投射	将自己的感情投射到一些人或事上，并对这些人和事进行美化或丑化	"情人眼里出西施"。对自己喜欢的人，越相处越觉得喜欢；对自己讨厌的人，越看越觉得厌恶

现在，请你回想一下自己的经历，你是否出现过以上几种投射心理呢？事实又是如何呢？

一般来说，投射效应会使我们无法客观全面地认识人和事，对人和事产生错误的理解。在人际交往中，这种主观臆断的做法会让我们陷入偏见的深渊，对他人的情感、意向做出错误的评价，歪曲他人的意思。而一旦我们发现事实并不如我们所想的那样，甚至与我们原本的想法背道而驰，我们就会陷入十分尴尬的境地，对他人造成难以弥补的伤害。

当然，人具有一定的共性，所以，在一些情况下，我们可以依据这些共性对他人进行推测,这有助于我们的人际交往。但是若不考虑个体差异就胡乱投射,认为"我思即他思,我愿即他愿",这显然是不合理的。

在人际交往的过程中,我们不应以自己为标准去衡量、评价他人。这就好比物理学中的参照系,你选取自己作为参照物去评价他人,可是你这个参照物并不是绝对静止的,只是假定不动而已,如果换一个参照物,那么得出的结论就可能与之前的相反。

因此,我们应该保持理性,学会冷静地看待他人,学会辩证地分析和解决问题,不将自己的想法、意愿强加给他人。要记住,人与人之间毕竟存在个体差异,只有全面地了解对方,才能避免错误投射,避免社交尴尬。

不尴尬金句

当你揣度他人时,请你先想一想"以小人之心,度君子之腹"这句话。

第二章

塑造自我形象，让社交像呼吸一样自然

一个衣着得体的人总会给人以美感，一个微笑挂嘴边的人总会收获他人的好评，而一个邋邋遢遢的人则会让人避而远之。在社交活动中，良好的自我形象会为你赢得更多的赞赏与喜爱。所以，如果你想要与人愉快地相处，自在地交往，那就从塑造良好的自我形象开始吧！

小测试：你给别人的第一印象如何？

与他人初次相见后，你知道自己一般会给他人留下怎样的印象吗？他人会如何评价你呢？请你完成下列测试题，看看你给他人留下的第一印象如何。

1. 与人初次见面，经过一番交谈后，你能对他的谈吐、举止、知识、能力等方面做出积极、准确的评价吗？

   A. 不能

   B. 很难说

   C. 可以

2. 你和别人告别时，约定下次相见的时间、地点是由谁提出的？

   A. 谁也没有提这事

   B. 对方

   C. 我

3. 当你第一次见到某个人时，你的态度是什么样的？

   A. 大大咧咧，漫不经心

   B. 紧张局促，羞怯不安

C. 热情诚恳，自然大方

4. 在寒暄之后，你能很快找到双方共同感兴趣的话题吗？

A. 我觉得这很难

B. 必须经过较长一段时间才能找到

C. 我能很快找到

5. 你与人谈话时的坐姿通常是什么样的？

A. 两腿叉开

B. 跷起二郎腿

C. 两膝靠拢

6. 你同对方谈话时，眼睛望着何处？

A. 看着其他的东西或人

B. 盯着自己的某些物品，不停把玩

C. 直视对方的眼睛

7. 你如何选择交谈话题？

A. 选自己所热衷的

B. 选俩人都喜欢的

C. 选对方感兴趣的

8. 在第一次交谈中，你们各自占用的时间情况如何？

A. 我多于他

B. 差不多

C. 他多于我

9. 会面时，你说话的音量如何？

A. 高亢热情

B. 很低，以致别人很难听清

C. 柔和而低沉

10. 你说话时肢体动作是否丰富？

A. 我常用肢体动作补充言语表达

B. 偶尔做些手势

C. 不随便做肢体动作

11. 你讲话的速度怎么样？

A. 非常快

B. 十分缓慢

C. 节奏适中

12. 假如别人谈到了你不感兴趣的话题，你会怎么做？

A. 打断别人，另起一话题

B. 显得沉闷、忍耐

C. 仍然认真听，从中寻找乐趣

✓ 评分规则

选A计1分，选B计3分，选C计5分。

✓ 结果说明

12~22分：你给别人留下的第一印象较差

你很想给别人留下一个好印象，但是由于你依着自己的习惯行事，你的漫不经心、不够体贴、言语无趣等，在无形中会导致他人对你产生误解。与人交往是一种艺术，而艺术是不能不修边幅的。

23～46分：你给别人留下的第一印象一般

你的某些表现会令人愉快，但又不够出彩。这就使得别人既不会对你产生十分差的印象，也不会对你产生强烈的交往欲望。如果你想要提升自己的魅力，就需要展示你的最佳形象。

47～60分：你给别人留下的第一印象较好

你的体贴、温和等特征会给第一次见到你的人留下深刻的印象。无论对方是你工作中还是私人生活中的接触者，他们都会产生进一步与你交往的欲望。

未语先笑，用微笑打破彼此的拘束

> 微笑是我们交际中的"通用货币"。它不仅是一种表情，更是传递情感的载体，是拉近人与人之间距离的法宝。

微笑在社交中的作用是不可忽视的，它是最美的语言，可以在无声无息中缓和尴尬的气氛，让彼此不再那么拘束，让对方对你产生好感。

美国著名人际关系学家卡耐基曾说："笑容能照亮所有看到它的人，像穿过乌云的太阳，带给人们温暖。"

请你想象一下：你与陌生人初次见面，当对方一脸微笑地看着你时，你会给予对方什么样的评价？当对方一脸冷漠地看着你时，你又会给予对方什么样的评价呢？

不可否认，当对方微笑着时，我们一般会觉得他是在表达善意，是在表达乐于与我们交往、相处的意愿。在这样的心理作用下，我们也愿意与对方交往，交往的氛围会变得和谐，双方也就不会那么尴尬。

而当对方一脸冷漠地看着我们或者与我们交谈时,我们会觉得十分不自在,心里也会希望这场交往快点结束。

因此,我们在与人交往时要注意保持微笑,让微笑成为我们的招牌,为我们的形象加分。

微笑是每个人参与社交活动时送出的一份礼,要想将这份礼送得深入人心,是有讲究的。具体而言,需要注意以下几点。

1. 微笑要恰到好处

微笑不同于大笑,也不同于不笑。在与人初次相见或久别重逢之时,大笑会让人觉得十分突兀,而不笑会使氛围变得紧张,只有微笑是最得体,也是最令人感到舒适的。

恰到好处的笑容是在微笑时露出上排最前面的六颗牙齿,这样嘴角的形状是一个月牙形,整个面部表情是最自然、最得体的。

当然,要准确地把握这个尺度是不容易的。平时你可以有意识地对着镜子练习,时间一长,你自然而然就会露出最美丽的微笑了。

2. 微笑要发自内心

发自内心的笑容最好看,如果你迫于形势,想要挤出一个微笑,那么你的笑可能会比哭还难看,既让自己不舒服,也让他人难堪。所以,如果你并不想笑,那就不要勉强自己,要知道,假笑比不笑更容易招人烦。

3. 微笑要注意场合

在很多情况下，微笑都是我们与人交往时的通行证，但它并不是在任何场合都适用。在一些特殊场合，如果你想利用微笑使关系融洽，那么很可能会达不到效果。

比如，在一场专业的学术讨论会上，如果你对提出质疑的人致以微笑，对方很可能觉得你不重视他的意见；当你参加葬礼时，如果你对痛哭流涕的死者家属报以微笑，那么对方很可能会怒火中烧。

微笑是我们平易近人的展现，是我们积极、健康的特性的表现，微笑可以以柔克刚，快速缓和尴尬的气氛，真正达到"此时无声胜有声"的效果。所以，在与人交往时，请你学着用微笑装扮自己。

多露出一分笑容，对方就会多一分放心、多一分安心，我们与他人的交往就会多一分自在。

> **不尴尬金句**
>
> 不要吝啬微笑，让微笑成为你"说"的第一句话。

展示自信的风采，吸引别人主动结识你

> 自信的人就像聚光灯，会吸引人们的目光，使人们主动与其交往。所以，抬头挺胸，展示你的风采吧！

在与人交往的过程中，一个人的站、坐、行等姿势都能展现他的修养与气质，令别人对他多一分了解。尤其是在交往初期，双方互不了解，我们经常会通过观察他人的举手投足来对其进行判断。一个昂首挺胸、精神饱满的人会给他人留下积极自信的好印象，吸引他人主动结识；而一个垂头丧气、弯腰驼背的人则会让他人自动远离。

如果你想要赢得他人的好感，获得他人的关注，那么不妨从展示自己的迷人风采开始，改善自己的站姿、坐姿与走姿。请你相信，这些美好的形象会让你在社交中更受欢迎，帮助你摆脱无人理睬的尴尬困境。

1. 站姿

在交际活动中，站姿是每个人仪态的核心。如果站姿不够标准、美观，那么这个人就与"美"无缘了。

站立，几乎人人都能做到，但并不是每个人都能站得那么优美，站得恰到好处。"站如松"是站姿的基本要求，意思是站立的姿势要像松树一样挺拔、端直。这样的站姿可以给人留下精力充沛、积极向上的印象。

站姿的基本要领是：全身挺直，双腿直立，双脚稍微分开一些，但距离不宜超过肩宽；两肩平齐，双臂自然下垂，手指自然弯曲；挺胸、收腹、立腰；两眼平视，嘴唇微闭，面带微笑。

当然，以上只是基本的站姿，在实际工作或与人相处时可以稍稍调整。毕竟我们都不是机器人，也无法按照固定的程序控制自己的动作；况且，如果真的这样程序化，那也太奇怪了，反而会给人留下坏印象。

另外，在站立时要注意，身体要保持平稳，不要摇晃，以免给人留下轻浮的印象，影响我们的社交活动。

2. 坐姿

在很多交际场合，坐姿往往能凸显出一个人的修养。如果坐姿不当，不仅我们自己容易闹出笑话，而且会影响他人对我们的印象。比如：双腿抬起坐在椅子一角，稍不注意就很容易摔下去；懒散地靠在沙发上，坐姿既不雅观，又会给人很放肆的感觉。

对坐姿的基本要求是"坐如钟",即坐姿要像钟那样端正。在入座时,要保持轻而稳,不要制造出太大的动静。坐下后,上体自然坐直,两腿自然弯曲,两臂自然弯曲放到腿上或椅子上。女性坐下后应保持两腿并拢,两脚同时向左或者向右放,这样会显得文静而优雅。

有些坐姿是很不礼貌的,比如将脚藏在座椅下,用脚勾着座椅的腿,跷着二郎腿,等等,因此一定要避免这些坐姿。

3. 走姿

请你想象这样的场景:在你面前有两个人,一个人弯腰驼背朝你走过来,另一个人抬头挺胸、胳膊自然摆动朝你走过来,你会先和谁打招呼呢?你愿意与谁接触呢?相信很多人的答案都是后者。

走姿呈现出来的是一种动态的美,走得好看、自信,才能给人以美感,让人乐于接触你。

走路时应保持身体挺直、收腹直腰、双臂在身体两侧自然摆动。最忌左顾右盼、弯腰驼背、摇头晃脑。另外,双手揣裤兜、鞋子剐蹭地面等行为也会引起他人的反感,我们要避免做出这些行为。

当然,在不同的场合下,站姿、坐姿、走姿也会有所不同,但都要保有精气神,让人觉得你充满自信、积极阳光,而不是无精打采,毫无气质可言。在人际交往中,你表现出自信,别人才会信任你,觉得你可靠,从而乐于接触你,不会对你视而不见、置之不理。

> **不尴尬金句**
>
> 展现出自信,你的美好会吸引他人主动结识你。

整洁装束，为你打开社交之门

> 打造整洁装束，呈现你的自然美，同样会为你打开社交的大门。

爱美之心，人皆有之，但这并不代表长得不好看就没出路，就不受人欢迎。

如果你的着装打扮得体、整洁，那么你的社交之路会更加顺畅。

想要打造出整洁装束，要注重从以下几点来考量。

1. 头发

蓬头垢面会让人觉得邋遢，如果你想给别人留下好印象，就请从打理好头发开始。

不论是长发还是短发，保持头发干爽、不油腻是最基本的要求。一般来说，除了一些特定职业的工作者，在修剪头发时，男性应当求短忌长。对女性来说，平时尽量不要披头散发，尤其是在工作中，应尽量将头发盘束起来，以免给人留下邋遢的不良印象。

另外，头皮易出油、易有头屑的人应勤洗头，以免给形象减分。

2. 面部

大多数男士都不化妆，因此，男士的面部护理可以从清洁面部与保湿着手。比如，用洗面奶清洁皮肤，每天刮胡子，使用润肤霜，等等。

秋冬季节，北方天气干燥，很多男士嘴唇会干裂起皮。当你以这样的形象与人交往时，即使你自己并不在意，也很难保证他人毫不在意。所以，如果你出现这样的情况，不妨使用男士润唇膏，既方便了自己，又能避免引起他人不适。

通常来说，女性化妆应以淡妆为主，从而使外表看起来健康自然，给人留下清新、自信的印象。

在化妆时，除了要结合自己的职业与所处的交际场合进行考量外，还应考虑年龄。一般来说，年轻人适合化淡妆，较成熟的人适合化稍浓的妆。

另外，不论是化淡妆、浓妆，还是不化妆，首先都要保证面部的整洁。化妆时尽量不要使用劣质的化妆品，以免因为晕妆而引起尴尬。

切记修饰要避人。在进行仪容仪表的修饰、整理时，请你自觉回避他人，这是对人与对自己的尊重。

形象就是你的名片，妆容就是自我介绍的开端，打造精致的妆容，良好的形象会为你打开友善社交的大门，助你与他人友好相处，避免在社交中受到冷遇。

不尴尬金句

用心装扮、打扮得体，会让你的社交之路更加顺畅。

穿衣得体，邋遢只会令人不自在

> 人靠衣裳马靠鞍，穿着得体的服装，你会收获他人的好感，减少社交活动中因为服装不得体而出现尴尬的情况。

我们常说不要以貌取人，要关注他人的内心世界，但这并不代表我们就可以邋遢，也不代表我们不需要关注服装搭配。如果你穿着沾有油渍的衣服、满是泥土的鞋子，那么毫无疑问，别人会不太想接近你。

西方学者雅伯特·马伯蓝比教授提出了"7/38/55"定律，并将这个定律应用于我们的社交活动中。这个定律可以这样解读：他人对我们的观感，只有7%取决于我们实际的谈话内容，有38%取决于语气、手势等辅助表达方式，而有55%则取决于我们的外表。

所以，如果你觉得心灵美就够了，那就大错特错了。要知道，形象是一个人的仪表、气质、性格与内心世界的综合反映。如果你对自我形象很随意，穿衣邋邋遢遢，那么毫无疑问，你的个人魅力与社交效果都会大打折扣。而且,你不修边幅的着装风格也会令他人感到很尴尬,使他人拒绝与你接触。

得体的穿着会给人带来美的感受,令人对你产生好感,使其乐于与你交往。那么,如何穿才算得体呢?怎样穿才能避免因穿着不当而出现尴尬的局面呢?对此,要注意以下几点。

1. 整洁是首要条件

无论在什么社交场合,服装整洁都是第一要素,因为只有整洁才能让人产生美感。否则,即使你再会搭配,你的服装再高级,也会给人留下不干净的坏印象。而且,服装整洁也是人际交往中的礼貌,是个人修养的体现。

2. 着装与个人气质相协调

一个人穿什么样的服装要与其性格、气质相协调,这样才符合审美的要求,给人以和谐的美感。比如,热情活泼的人适合选择鲜艳的红色,老成稳重的人适合选择蓝色、灰色,等等。

3. 着装与环境相协调

不同的场合,对着装的要求也有所区别。在一般的工作场合,着装应以简洁大方为主要诉求;在家庭聚会等较为温馨的场合,着装则偏向休闲风格,以舒适自在为主要诉求。

良好的形象会让你的社交更顺利,请你不要忽视了服装的作用,只有穿着得体的服装,彰显你的社交魅力,才能让他人与你自在地相处。

> 📢 **不尴尬金句**
>
> 整洁的服装会代你传达出一条信息:"我是值得交往的人。"

选对饰物，整体协调才会给人舒适感

> 饰物虽小，但你可不要小瞧它的作用。选对了饰物，对你的社交会产生良好的作用。

在社交活动中，除了服装的选择外，饰物的佩戴也有讲究。一条别致的项链、一对精美的耳环、一款精致小巧的包等都能为人增色不少。

饰物与个人的穿衣风格相协调，才能给人以美感。如果不协调，就会让人觉得不伦不类。此时，他人很可能向你这样的搭配投来异样的目光，使你尴尬异常。

现代的饰物有很多，主要包括帽子、丝巾、项链、胸针、披肩、发夹、耳环、戒指、手镯、手表、眼镜等。这些饰物搭配得好会起到画龙点睛的作用，让你越来越耐看，给人呈现出和谐美；搭配得不好就难免会给人画蛇添足之感，也会使自己觉得浑身不自在。

在选择要佩戴的饰物时，可以从以下几个方面来参考。

1. 数量不宜过多

请你想一下，如果一个人头上戴着发夹、脖子上戴着项链、围着丝巾，耳朵上挂着长长的耳坠，手腕上戴着手镯，手指上戴着戒指，你的感受是什么呢？是不是觉得这些配饰太沉重了，甚至会为对方感到累呢？

一般来说，一个人搭配饰物的数量以不超过三件为宜，数量过多不仅会给人沉重感，还会显得凌乱，缺乏美感。

2. 风格统一

饰物的风格应保持统一，即色彩和材质应尽量保持一致，这样才能给人以端庄大方的感觉。如果色彩过于丰富，材质过于多样，就会让人眼花缭乱。

在进行搭配时，有些人习惯将自己喜欢的几件饰物都佩戴在身上，比如同时戴粉色的丝巾、绿色的耳坠和一条珍珠项链。虽然每件饰物单独看都很好看，但是由于风格不统一，搭配到一起就会让人觉得很怪。

有些人在挑选饰物时可能会钟情于某一件，与其相比，其他饰物都黯然失色，此时，如果再同时搭配其他饰物，那只会降低整体的"颜值"。所以，如果你也有这样的饰物，那么在穿搭时选择一件就够了。

一般来说，穿深颜色（如黑色、红色、蓝色、绿色、咖啡色等）的衣服时，可以搭配浅色的饰物；穿浅颜色的衣服时，可以用较为鲜艳的饰物进行点缀。

3. 符合自己的身份与场合

饰物佩戴要考虑自己的身份与所处的场合。

在职场中，我们应选择简约大方的配饰，给人一种简约的和谐美，过于昂贵、耀眼的首饰是不适合出现在商务场合的。

在外出旅游时，我们可以选择颜色亮丽、夸张一些的配饰，展现自己的另一面。当然，配饰如果能与游玩时的风景、建筑的风格相统一就更好了。

在一些特殊的场合，比如结婚典礼，我们应该佩戴一些喜庆的饰物，比如红色的披肩。这不仅是搭配的原则，也是有礼貌、有修养的体现。

小小的饰物会彰显一个人的品位，表现一个人的修养。选对了饰物，他人会对你多一分好感，你们的交往也会更自然、更舒适。

> **不尴尬金句**
>
> 佩戴合适的饰物，别人会对你的品位表示赞赏，对你的好感度也会噌噌上升。

别让卫生小细节害你丢了面子

> 不修边幅,不注重个人卫生,就会给他人留下不好的印象,影响我们的人际交往。

常言道:"细节决定成败"。在参与社交活动时,我们特别注意自己的衣着打扮、表情是否得体,力求给他人留下一个好印象,但是有些卫生细节却常常被我们忽视。结果,带着"污点"的我们只好在尴尬中草草结束这次的交往,他人对我们的印象自然也不如我们预期中那样好。

个人的卫生细节不仅是一个人的修养与素质的直接体现,而且会影响他人对我们的判断,甚至影响我们与他人的相处与交往。所以,我们一定要注重卫生细节,以免因小失大,使人际交往出现尴尬的局面。

在卫生细节方面,我们可以从以下几个方面来自查。

1. 头屑

你的头发上是否经常会出现头屑？头屑多并不一定就是不讲卫生，但这确实会让他人对你有不好的看法。所以，请你时刻注意头部卫生，经常洗头，尤其是在与人相约的前一天要清洁头发，以便给他人留下好印象。

2. 颈部

颈部卫生是很多人都容易忽视的，你可以照照镜子，看看你的脖子和脸是不是一种颜色。如果你发现脖子略黑，那你就需要反省一下自己的洗脸方式，或许洗脸的时候你可以顺便洗洗脖子。

3. 眼睛

"你的眼角有东西。"当你听到这句话时，会有什么感受呢？如果说出这句话的是家人还好，气氛不会那么尴尬，但如果说出这句话的人是同事、上司，甚至是客户，你是不是想找个洞钻进去呢？

既然如此，我们就要尽量将这种隐患扼杀在摇篮之中。在刚刚睡醒的时候，我们一定要注意眼角卫生。在与人接触之前，如果条件允许，可以先去卫生间整理下仪容，但是如果没有这个条件，就应该尽量在出门前做好这些准备工作。

4. 手指甲

在与人交谈、握手时，手部动作是必不可少的。如果手指甲里"藏污纳垢"，那么对方就很可能露出嫌恶的表情，我们也会觉得很不好意思。

另外，手指甲不宜留得过长，因为长指甲中容易滋生细菌，不利于个人卫生。

5. 口腔卫生

在与人交往时，谈话无疑是最重要的一种沟通手段。如果口中散发出难闻的气味，便会使对方不快，自己也会感到很难堪。

如果在谈话前，你吃了味道较重的食物，可以通过嚼口香糖的方式来减少口腔异味。但要注意，嚼口香糖的动作不应太大，尤其是在商务应酬中，一边讲话一边嚼口香糖是不礼貌的行为。

另外，在每次吃完饭后，我们都应该漱漱口，并照照镜子，检查一下口腔卫生，确保没有食物残渣留在牙齿上，以免出现被别人提醒"你牙齿上有菜叶"的尴尬场景。

6. 身体的味道

身体有异味是很令人反感的。尤其是在出汗之后，及时洗澡、换洗衣服是十分必要的。

另外，掏耳朵、抠鼻子、咬指甲等行为都是既不卫生又不礼貌的。如果你不注重这些卫生细节，很可能会因为这些不良行为而丢面子，别人对你的好感度也会因此大打折扣。

📢 **不尴尬金句**

注重每一个小细节，别让自己的疏忽导致社交失败。

首因效应：与人交往时第一印象至关重要

> 首因效应指的是对对方的第一印象会对双方今后的交往产生影响，也就是我们常说的"先入为主"。

心理学研究表明，与一个人初次见面时，人们在45秒内就会对他人产生第一印象。第一印象往往会在人们的头脑中占据主导地位，影响接下来的交往。

如果你给别人留下的第一印象较好，那么别人就愿意继续与你相处，愿意更多地了解你；如果你给别人留下的第一印象很糟糕，那么你们的交往可能就止步于此了。

1957年，美国社会心理学家洛钦斯用实验证明了首因效应的存在。他拿出两个杜撰的故事，分别让水平相当的中学生阅读，并让他们评价材料中主人公詹姆的性格。其中一个故事将詹姆描述成热情外向的人，另一个故事将詹姆描述成冷淡内向的人。

两个故事如下：

（1）詹姆走出家门去买文具，他和两个朋友一起走在洒满阳光的马路上，他们一边走一边晒太阳。詹姆走进一家文具店，店里面挤满了人，他一边等待着店员注意到他，一边和一个熟人聊天。詹姆买好文具在向外走时遇到了另一个朋友，就停下来和那个朋友打招呼，告别了朋友后就向学校方向走去。在路上，他又遇到了一个前天晚上刚认识的女孩子，他们说了几句话后就分手告别了。

（2）中午放学后，詹姆独自回家，阳光非常耀眼，詹姆在马路阴凉的一边走着，迎面遇到了前天晚上也遇到的那个漂亮女孩。詹姆穿过马路，走进了一家饮食店，店里挤满了学生，他注意到有几张熟悉的面孔。詹姆安静地等待着，直到服务员注意到他，他才买了饮料。他坐在一张靠墙的椅子上喝着饮料，喝完之后就回家去了。

洛钦斯将这两个故事进行了排列组合，阅读方式及对詹姆的性格评价结果如下表所示。

阅读方式	对詹姆性格评价为外向的比例
先读材料（1），再读材料（2）	78%
先读材料（2），再读材料（1）	18%
只读材料（1）	95%
只读材料（2）	3%

由此可见，在首因效应中，这种先入为主的第一印象是鲜明

的、强烈的，会直接影响人们对一个人的判断。

虽然我们知道仅仅根据第一印象来评价一个人往往比较偏颇，不太符合事实，但在实际的人际交往中，大多数人还是会下意识地跟着感觉走。比如，我们经常会对长相好看的人另眼相待。即使是孙权，在见到面貌丑陋的庞统时，也先是心中不快，后来因为庞统轻视周瑜，目中无人，便将庞统拒之门外。

在人际交往中，我们可以利用"首因效应"为自己铺路，在一开始就给别人留下好印象，比如注重自己的衣着打扮、言谈举止等，以良好的第一印象打开交际圈。

◀ 不尴尬金句

先运用首因效应给他人留下一个好印象，与人初次相见时，你不妨把"火"烧得旺一些。

第三章

言行有礼，别因不懂社交礼仪陷入窘境

懂礼仪是我们每个人不可或缺的基本素养。如果你不顾社交礼仪，屡屡冒犯他人，无礼冲撞他人，那么你就会成为社交活动中制造尴尬的人。所以，我们要学习一些常用的社交礼仪，不要让自己因为不懂社交礼仪而闹出笑话，陷入窘境。

小测试：你是个受欢迎的人吗？

受欢迎的人会考虑他人的感受，从而避免尴尬情况的发生，也可以在发生尴尬时尽早化解。

想要知道你的受欢迎程度吗？你在社交活动中是个受欢迎的人吗？来做做下面的小测试吧！

请你对下列问题做出"是"或"否"的回答。

1. 你在路上匆忙地走着，如果别人向你打招呼，你会停下脚步，认真回应他们吗？
2. 你是否会不经思考地随便发表意见？
3. 你喜欢独自进餐吗？
4. 你看社会新闻吗？
5. 你是否觉得你的三位最好的朋友都不如你？
6. 你是否爱向别人吐露自己遇到的挫折和种种问题，找别人诉苦？
7. 你常向别人借钱吗？

8. 你和别人一起出去，是不是一定要大家平均分摊费用？

9. 有时你会与朋友谈论一些只有自己感兴趣，别人不感兴趣的话题吗？

10. 打电话时你会总是说个没完，让其他人在一旁等得着急吗？

11. 你是否会把自己喜欢的画挂在办公室的墙上？

12. 告诉别人一件事时，你是否喜欢独占谈话时的话题，想把细枝末节都说得很清楚，而忽视对方的感受？

13. 你肯不惜金钱招待朋友吗？

14. 你认为自己说话毫不隐讳的态度是对的吗？

15. 你与朋友约会时，是否经常让朋友等你？

16. 你是否经常揭露朋友的短处，并要求他们去改进？

17. 你喜欢比自己小的孩子吗？

18. 你经常拿别人开玩笑，丝毫不顾及别人的心情、自尊吗？

19. 在打扑克时，你喜欢反复把牌散开再合起来吗？

20. 你认为中年人谈恋爱是愚蠢、可笑的吗？

21. 你不喜欢的人超过七个了吗？

22. 不到所有人都疲倦至极时，你就不会告辞吗？

23. 你讲话是不是常常用"坏透了""气死人""真要命"等词？

24. 电话接线员和商品推销员会惹你大发脾气吗？

25. 你讲的事情总是又长又复杂，别人需要耐下心来才听得进去吗？

26. 你爱好音乐、书籍、运动，但是别人不喜欢，你是不是觉得他们面目可憎、言语无味？

27. 你言而无信吗？
28. 你是不是常常当面批评别人？
29. 你遇到不如意的事，是否心情沮丧、意志消沉？
30. 当你自己运气很不好，而你的朋友成功的时候，你是不是真的替朋友感到高兴？
31. 你喜欢跟人聊天吗？
32. 你坚持推荐朋友阅读你觉得有趣或值得一读的东西吗？

✓ 评分规则

第1、4、13、17、30、31题答"是"计1分，答"否"不计分；第2、3、5、6、7、8、9、10、11、12、14、15、16、18、19、20、21、22、23、24、25、26、27、28、29、32题答"否"计1分，答"是"不计分。

✓ 结果说明

20分及以下：你不太受欢迎

如果你的得分在20分以下，那你需要反省一下自己的所作所为。要知道，别人喜欢你往往是因为你喜欢他们，承认他们的价值。当你喜欢他人，懂得欣赏他人时，你自然也就会变得受人欢迎。

21~31分：你比较讨人喜欢

你懂得尊重他人、关心他人，你的真诚和善良使你获得不少朋友。

32分：你很受别人欢迎

这是个十分理想的分数。如果你得到了这个分数，说明你有良好的处事方法，也很受别人的喜爱和欢迎。

礼貌用语挂嘴边,摩擦冲突都不见

> 我们平时说话经常会用到一些礼貌用语,比如"请问""打扰""劳烦"等。用好这些交际语,别人会对我们产生好感,也有利于我们建立良好的社交关系。

"请问,到人民公园怎么走?"

"喂,到人民公园怎么走?"

如果你是被问的那个人,对于这两种问路方式,你会分别怎么回复呢?

小说家亚诺·本奈曾说:"日常生活中,大部分的摩擦冲突都起因于恼人的声音、语调以及不良的谈吐习惯。"如果你善于观察,就会发现生活中发生的很多冲突都是因为小事,可能只是因为一句无礼的话,比如"喂",因为一个无礼的行为,比如翻白眼。

一句礼貌用语可以缓和话语中的锋芒,可以让他人的付出得到肯定，也可以拉近双方之间的心理距离。

（1）"不好意思，不过我觉得这个方案不太好，劳驾您再修改下。"

（2）"请您把这张桌子搬到另一间屋子吧，谢谢！"

（3）"真抱歉，路上堵车，我来迟了。"

试着将以上三句话中的礼貌用语去掉，然后再读一读，你就会发现这些礼貌用语的魅力了。

不可否认，我们都希望得到别人的尊重与赞赏，而有礼貌恰恰是表现尊重的一种方式。

在交际活动中，有礼貌的人不仅自己开心，也能让他人感到愉悦。

在与人交往中多多使用礼貌用语，可以给对方留下谦恭有礼的好印象，也可以避免对方因为不满而让我们吃"闭门羹"，避免尴尬局面的出现。

社交活动中的礼貌用语，主要有以下几种：

感谢用语："谢谢""让您费心了""感谢您的帮助"等。
道歉用语："对不起""请原谅""很抱歉""请多包涵"等。
请教用语："请""请问""请指教"等。

在与人交往中多使用这些礼貌用语，可以让交往的氛围变得融洽，也可以减少许多不必要的摩擦与争吵，避免因为不懂礼仪而使双方都陷入尴尬的境地。

> **不尴尬金句**
>
> 多使用礼貌用语，别因"一言不合"就引发冲突。

抢了对方的话头，小心引起他人的不满

> 抢了对方的话头，对方很可能产生如鲠在喉之感，对你多有不满，谈话的气氛此时可能会瞬间降至冰点。

当你看到朋友和其他人聊得正欢时，你会走过去问他们"你们在聊什么"吗？当你听到朋友在聊你感兴趣的话题时，你是不是会说"我也知道这个"，然后就自顾自地说起来呢？

如果你突然加入这场谈话中，就会令他们不自在，此刻正在谈论的话题很可能因为你的插话而被迫结束；如果你知道对方正在谈论自己感兴趣的内容，于是接过话茬，让对方无话可说，那对方很可能会向你投来不友好的目光。相信此时，你就会祈祷"如果能重来，我再也不插话了"。

我们都知道插话是十分不礼貌的行为，但是在某些时刻，我们还是抑制不住心里的好奇与冲动，想要表达自己的感受与想法。可如果不分时机、不分场合地插话，就会打断别人的思路，引起对方

的不快,场面也可能会变得很尴尬。

请你想一想:当你与一位同事谈兴正浓,另外一位同事走过来打断了你们的谈话,你会是什么感受呢?是不是觉得对方很讨厌呢?既然如此,那你就不要做那个令人讨厌的人,以免在不经意间破坏了人际关系。

不插话并不代表不接话,人际交往原本就是一个沟通互动的过程,在他人谈话的间隙,我们可以适时地表达自己的看法,给予他人一定的回应。他人在谈话时,如果我们一言不发,这是不礼貌的,甚至有时会让人误以为我们对谈论的话题不感兴趣。

因此,在与人交谈时,我们应尽量等对方把话说完再说话,如果中途确实需要插话,我们也应先征得对方的同意,比如用商量的口吻说:"不好意思,我可以提个问题吗?""抱歉,我插句话,您想表达的是这个意思吗?"或者你也可以用身体语言,比如眨眼、手部动作等来暗示正在说话的一方,让对方暂停一下,此时,对方一定会因为你懂礼仪而对你另眼相看的。

📢 不尴尬金句

　　不插话,不多嘴,既是礼貌,更是修养。

不要只顾自己过嘴瘾，当心惹人不快

> 物尽其用是一种本事，如果你能让两只耳朵充分发挥作用，而不仅仅依靠一张嘴，那你就离成为社交高手不远了。

沟通的过程就像是吃饭，两个人坐在同一张桌子上，点了一道菜，最好的方式是两人各吃一半；如果完全不顾对方的感受，将一盘菜全都吃进自己肚子里，让对方干瞪眼，那么对方自然就很不开心，并会因此觉得你无礼。

在与人交际的过程中，我们不仅需要经常表达自己的想法，还需要懂得倾听，让他人也有表达的机会。如果忽视他人的反馈，不给他人说话的机会，那么，即使你说的是真理，对方也很难听进去，反而还可能对你产生反感。

三国时期的杨修才思敏捷，但他恃才自负，为了过嘴瘾而给了曹操一个杀他的借口。

有一次，曹操修建了一所花园。花园建成后曹操去察看，什么话也没说，只在门上写了一个"活"字。众人都不知道是什么意思，只有杨修笑着说："门内添'活'字，是个'阔'字，这说明你们把园门造得太宽了。"众人听完恍然大悟，于是重建园门。

曹操再来看时非常喜欢，就问："是谁领会了我的意思？"有人回答是杨修。曹操虽然表面上称赞了杨修几句，但是心里很不高兴。

有一天，有人给曹操送了一盒酥饼。曹操在盒子上题了"一合酥"三个字，因有事外出，便将酥饼放在案头上。杨修进去发现酥饼后，竟然把它分给大家吃了。曹操知道后，问他缘由，他从容地说："盒子上写着'一人一口酥'，我岂敢违抗丞相之命？"曹操听了杨修的话，表面上虽然笑着夸他聪明，心里却有些厌恶杨修了。

曹操生性多疑，担心有人暗中谋害自己，因此谎称自己在梦中好杀人，告诫侍从在他睡着时千万不要靠近他。为了让别人相信这件事，曹操还故意杀死了一个替他盖被子的侍从。

杨修得知这件事后，便感慨道："丞相非在梦中，君乃在梦中耳！"曹操听了这话后，心里更加厌恶杨修。

直到有一次，曹操率兵在汉中与刘备对峙许久，欲收兵回都，却又恐被耻笑，正犹豫不决间，厨师送了一碗鸡汤进来。曹操见碗中有鸡肋，十分感慨。此时，夏侯惇进来禀请夜间口令。曹操就随口答道："鸡肋！鸡肋！"夏侯惇把这口令传了下去，杨修见传"鸡肋"二字，便让随行军士收拾行装，准备归程。

夏侯惇赶紧把杨修请到帐中，问他："你为什么让大家收拾行装？"杨修解释说："鸡肋鸡肋，食之无味，弃之可惜。如今进不能胜，退恐人笑，在这里待着已经没有意义了，不如早点收拾行装，免得临行时慌乱。"

夏侯惇听了此话，便下令让营中将士打点行装，准备撤退。曹操得知军中情况后震怒，知道又是杨修自作主张之后，再也遏制不住内心对他的嫌恶，最终以动摇军心的罪名将杨修杀了。

杨修真的是聪明反被聪明误，他犯了人际交往中的大忌——完全不顾及他人的感受，只顾自己过嘴瘾。如果杨修没有如此恃才傲物，那么以他的聪明才智，又岂会看不穿曹操对他的看法呢？如果他可以多从曹操的角度来考虑，又岂会不知自己的每一次"聪明之举"都是在令曹操陷入尴尬的境地呢？

社交并不是独角戏，如果你风头太盛，总是自说自话，不顾他人的感受，那么对方无疑会反感你的所作所为。如果此时，你还为自己"良好"的社交表现沾沾自喜，那你最终肯定会吃苦头。所以，请你给别人说话的时间和机会，尊重他人，鼓励他人发表自己的看法与见解。这会为你赢得好人缘，也可以让他人不那么尴尬。

📢 不尴尬金句

不搞"一言堂"，让别人说话，社交才不会那么尴尬。

迟到与失约是人际交往中的大忌

> 迟到与失约并不是小事,这会降低他人对你的信任值,所以应注意不要因为这些细节而让他人对你避而远之。

在与人交往的过程中,你是否迟到、失约过?与你相约的人是否迟到、失约过?

很多人都觉得迟到、失约是小事,实在不行就找个借口糊弄过去,于是,他们都不把迟到、失约当回事。实际上,与人相约后迟到、失约是你不守信用的体现,在人际交往中普遍为人们所不喜。

请你想象一下以下几种场景。

(1)你与一位朋友相约一起去逛街,本来约定的时间是上午10点,你早早地到达了约定地点,在寒风中等着朋友,但朋友迟迟不到,直到11点20分,朋友才终于出现在约定地点。

(2)你与几个相熟的朋友约定一起吃饭,结果,一位朋友有事耽搁了，你们只好先去饭店等着那位朋友。那位朋友忙完自己的事情后觉得太晚了，便打电话给你们，说他不去了。

（3）你与客户约好周一下午去客户的工厂参观，结果客户失约了，你到了工厂后无人接待，不知何去何从，场面十分尴尬。

现在，你能体会到自己迟到、失约时对方的感受了吗？不管出于什么原因，迟到与失约都是不礼貌的行为。如果你对这次约会本来就不重视，不想去赴约，那就不要答应，不要让自己多做一件失信的事。要知道，答应别人的事情做不到比不答应更失礼。

如果你确实是因为有事耽搁，所以迟到或失约了，那么你要真诚地道歉，并诚恳地解释自己迟到或失约的原因，以求得他人的谅解。如果可以，你应在计划改变的那一刻及早告知对方，不要让对方蒙在鼓里，尽量避免给对方带来更大的麻烦。

在人际交往中，尊重是相互的，不迟到、不失约是尊重对方的表现。如果你想获得他人的尊重，想要与人建立良好的社交关系，那就尽量不要迟到、不要爽约，更不要因为你的不当行为而影响他人的计划，打乱他人的节奏。

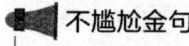
不尴尬金句

不迟到，不失约，这是我们都应该遵从的社交礼仪。

面对无礼冲撞，让人一次又何妨

> 言语冒犯、行为冲撞，这些在人际交往中都是很常见的，而我们要学习如何用"绕指柔"化解对方的"百炼钢"。

很多时候，对于别人冒失的言语与行为，如果我们总是针锋相对，就会令场面更尴尬。因此，当你遭遇他人的无礼冲撞时，不妨大度一些，避其锋芒。要知道，让人一次并不丢脸，不与对方斤斤计较，你们的素质自然也就高下立见。

在生活中，人们经常会因为一些小事处理不当而引发大麻烦。比如，在路上被人踩了一脚很可能引发一场口水战；交谈中他人的一句"什么玩意儿"就可能让你大发雷霆，使你从此与他断绝往来。

在人际交往中，如果你正面回杠他人的冲撞，很可能会惹得对方胡搅蛮缠，最后你可能就成了"遇到兵的秀才"，有理也说不清，反而还会让别人看笑话。所以，如果你遇到的并不是什么原则性的大问题，不妨就让人一次。很多时候，你退一步就会海阔天空，双方也就不会剑拔弩张，互不相让。

在一节火车车厢里，一个年轻人不小心踩到了一位老人的脚。

年轻人不仅没有向老人道歉，反而还一副"我没错"的样子，对老人说道："这可不能怪我，是您把脚放到我脚底下的。再说，我也只不过是轻轻地踩了您一下，又不疼，肯定不要紧的。"

这个年轻人虽然说话时的态度较为温和，但这番话显然是十分不礼貌的，如果老人此时与年轻人针锋相对，那么显然会激化矛盾。

可是老人极有修养，他笑了笑，不紧不慢地对年轻人说："你说的这些话本来应该是我说的，现在你都替我说了，看来我需要双倍谢谢你了。"

听老人说完这番话，年轻人意识到自己行为失当，连忙向老人道歉，车厢里也响起了掌声。

年轻人明明没"礼"却硬要争三分，老人明明有"理"却不争，一场可能引发的"谁有错"大战就这样被老人化解了，我们不得不佩服老人的睿智与肚量。

在人际交往中，被他人有意或无意地冒犯是不可避免的，如果我们揪住对方的小辫子不放，因为自己占理就咄咄逼人，则不仅有失风度，还会将他人置于窘迫的境地。宽以待人，用善意回敬对方的无礼冲撞，我们自然会赢得他人的掌声。

如果对方无意冒犯，并已经认识到了自己的行为给我们造成的困扰，我们就可以闭口不提，为对方化解尴尬。

当然，所谓的退步只是为了避免引发更大的冲突，但并不代表我们就要处处忍让。如果对方有意冒犯，故意使我们难堪，我们就要运用智慧与对方抗争到底，以摆脱尴尬的处境。

在回击他人时，我们也要注意，不要让自己成为对方那样的人。不管自己是有意的还是无意的，如果伤害到了别人，我们就需要向对方道歉，并请求对方的原谅，这是基本的社交礼仪。

◤ 不尴尬金句

　　有没有礼貌会体现出对方的修养，能不能容下对方的冲撞则显示出你的气度。

用商量代替命令,别把他人置于尴尬之地

> 随意地发号施令并不能显示你多么有能力,反而是你粗鲁、没礼貌的体现。用商量代替命令,别人才会心悦诚服。

"你去厨房把碗洗了。"

"你的头发太长了,快去理发。"

"这里不允许抽烟,你们别在这里抽烟。"

当有人用这种命令式的口吻对你说话时,你会有什么感受呢?是乖乖地按照对方的要求做,还是与对方对着干?即使你按照对方的要求做了,相信你也是心不甘情不愿的,那么你们的关系便很难朝着好的方向发展;如果你与对方对着干,偏偏不按他说的做,那么局面就很可能一直僵持着,双方都不自在。

不可否认,我们都不喜欢被命令,甚至十分厌恶他人以这样的口吻与我们说话,那么将心比心,在与别人说话,希望别人去完成某些事时,我们也应该避免发号施令,而应该以商量的口吻与对方

平等地沟通。这是一种礼貌,也是一种社交的态度。

"你能去厨房把碗洗了吗?"

"你的头发长这么长了,是不是感觉很不舒服呢?该理发了吧!"

"在这里抽烟太危险了,我真担心会发生什么意外,我们去别处抽烟吧!"

你看,将趾高气扬地发号施令变成细心体贴地商量,是不是会给人截然相反的感受呢?相信不出意外的话,对方一定会按照你的想法去做。这样,不仅你达到了自己的目的,而且你与对方的关系也不会因此而变僵,更不会针锋相对。

命令与指责所带来的结果远远不如商量与赞赏带来的效果神奇,所以,不要居高临下地命令、指责他人,更不要将他人置于尴尬的境地,这是社交的基本原则,也是我们要遵从的社交礼仪。换一种方式与人相处,就会产生不同的结果。

玛姬·杰各请了一群建筑工人盖房子。这些工人的工作做得很好,但是他们在完成了一天的工作后不清理院子,院子里到处都是碎木块和木屑,十分凌乱。

在最初的几天,当工人施工完离开后,杰各太太都会带着孩子们将这些碎木块整齐地堆放在墙角,把木屑清理干净。

直到有一天,杰各太太想到了一个办法。前一天晚上,她还是带着孩子一起收拾院子。第二天早上,她对这些工人的领班说:"我很高兴,昨天的院子这么干净,没有冒犯到邻居。"

从那之后,工人们每天工作完都会把碎木块堆放在一旁,领班也坚持每天都查看院子的情况。

杰各太太运用社交智慧,采取暗示与商量的方式,让建筑工人心甘情愿地在施工完毕后清理干净现场,这种做法是十分值得我们学习的。

如果你想要让对方去做某些事,那就不要生硬地给对方下命令,以免导致自己或他人陷入尴尬的境地,使人际关系变得紧张;而应该与对方商量,多使用"你觉得这样怎么样""这样做是不是更好一点"等句式,相信这样说的效果一定好过下命令。

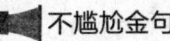不尴尬金句

多商量,别命令,你会更容易达到自己的目的。

交际氛围定律：营造良好的交际氛围，有助于社交成功

> 在人际交往中，良好的交际氛围会使交际双方都感到轻松、舒服，从而使双方可以顺利地交往下去。

一场演讲要想取得好的效果，就要气氛热烈，听众热情。如果演讲的场面冷冷清清，不仅讲的人没动力，听的人也会觉得没劲。

同样的，在人际交往中，良好的交际氛围也是十分重要的。以下几种情景就能说明这个问题。

（1）在一次家庭聚餐中，亲戚朋友们都聚在一起，互相询问对方的近况，表达自己的关切之情，聚餐的氛围其乐融融。

（2）在一次家庭聚餐中，许久不见的亲戚朋友们聚在一起，有两个人起了争执，结果大家不欢而散。

（1）在工作交流会议上，领导面带微笑，肯定职员们的工作成

果,并指出其中的不足之处。会议氛围融洽,大家也都十分积极地提出建议。

(2)在工作交流会议上,领导逐个点名,劈头盖脸地批评职员的工作,指责他们工作不到位。会议氛围十分紧张,职员们一言不发。

如果让你选择,你愿意置身于哪种氛围中呢?

其实,很多社交场合都需要一定的氛围来烘托。如果气氛很冷,你说一句话没有人愿意回应,或者一句话还没说出口就被别人呛回来,那么自然很多人都会三缄其口,不愿意再主动打开话题;相反,如果气氛十分活跃,你抛出一个"梗",对方能接得住,还接得十分巧妙,那么大家自然都愿意参与到这次的谈话中。

那么,如何才能活跃气氛呢?其实,结合生活经验,你就会发现答案很简单,因为用一些物品就可以营造良好的氛围。

每逢春节,家家户户几乎都会贴春联;过圣诞节时,商店的橱窗会贴圣诞老人的贴纸,商店里也会摆放装饰好的圣诞树。这些物品会营造出节日的氛围,让我们产生愉悦感。

同样的,在社交活动中,我们可以利用周边的物品营造氛围。比如,在茶几上摆上水果,将屋子收拾干净,在会议室里摆放几盆绿植,聚会时挂一个条幅,等等。我们要营造出令人感到舒服的社交氛围,他人才会享受与我们相处的过程,不会如坐针毡,这样彼此之间的交往才会水到渠成。

> **不尴尬金句**
>
> 营造氛围就是要造势,这个"势"造得好,社交也就水到渠成了。

第四章

读懂对方的肢体语言,顺其心意不"尬聊"

在与人交往的过程中,大多数人很少将自己真正的想法直接表达出来,这就使得交往双方之间存在隔阂。而肢体语言可以表现出一个人的内心世界,如果能读懂对方的肢体语言,那么交往就会更顺利,也可以避免某些不识趣的行为而使交往变得尴尬。

小测试：你知道自己的真实性格吗？

不经意的肢体动作会透露出你内心的想法，让人看透你的性格。同样的，你也可以通过这些习惯性的肢体小动作了解对方的性格特点，从而做出更好的交往选择，以免言行不当而引发尴尬。

想要知道你的真实性格吗？想要看穿对方的性格吗？那就来做下面这个测试吧！

1. 双手交握时，你哪只手的大拇指在上？

A. 右手

B. 左手

2. 用一只眼睛瞄准看不清的东西时，你会用哪只眼？

A. 右眼

B. 左眼

3. 双臂交叉抱胸时，你哪只胳膊搭在上面？

A. 右胳膊

B. 左胳膊

4. 鼓掌的时候，你会怎样拍手？

A. 右手拍左手
B. 左手拍右手

✅ **结果说明**

AAAA：你是右撇子，思想比较保守，性情很平和，不喜欢与人起争执。

AAAB：你是一个优柔寡断的人。

AABA：你是一个平易近人的人，行事果断，富有幽默感，具有艺术天赋（通常指女性）。

AABB：少见的组合。和上面一个组合的性格类似，但更宽和温柔。

ABAA：你性情宽容，善于分析，头脑聪明，但适应力较差，在人际交往方面小心翼翼，略有些冷淡（通常指女性）。

ABAB：最罕见的组合。你缺乏安全感，对外界刺激很敏感（通常指女性）。

ABBA：你是一个洒脱的人，能轻松与人交往，避免冲突，兴趣常常变化。

ABBB：你是一个独立的人，什么事都要自己动手。

BAAA：常见的组合。你是一个情感丰富的人，但是在做重要决定时不够坚定，容易受到他人的干扰，适应力很强，待人友好，能轻松与人交流。

BAAB：你是一个性情温和、天真纯洁的人。

BBAA：你是一个性格质朴的人，待人友好，有些丢三落四，喜欢自我反省。

BBAB：你心性质朴、性格温柔，容易轻信他人。

BBBA：你情感丰富、充满活力、处事果断。

BBBB：你是左撇子，性格自由不羁。你能够用新观点看待旧问题，感情很强烈，经常以自我为中心，有时甚至一意孤行。

BABA：性格很强势。你充满活力，很少改变自己的观点，能朝预定目标坚持不懈地努力。

BABB：你性格比较强势，充满活力，但不那么固执，你会在别人的影响下反省自己，要花费一些功夫才能交到朋友。

摇头：你的观点我不敢苟同

> 点头Yes（是）摇头No（不）。当你看到对方在摇头时，就赶快停下来，问问对方的"不"在哪里。

头部动作可以反映一个人的内心想法。根据对方头部动作的变化，我们可以了解对方在这场社交活动中的真实感受，从而做出更好的决定，以免使谈话陷入僵局，使双方都感到尴尬。

一般来说，当对方摇头时，我们就要停止发言，或者停下正在做的事情。如果我们忽视了对方的摇头动作，那么接下来等待我们的就很可能是十分尴尬的局面。

某公司组织一场演讲会，由公司总经理上台致开幕词。当介绍主讲人时，总经理将"刘田新先生"说成了"刘日新先生"，自己却没有发觉。

此时，总经理的助理在台下拼命地摇头，但是总经理并没有理会助理的行为，依旧按照自己的节奏往下进行，并介绍了刘田新相关的工作经历、取得的成就等，但使用的依然是"刘日新"这个名字。

等主讲人上台后，他对总经理说："我的本名叫刘田新，希望以后你们不会再搞错了。"总经理听到这话感到十分尴尬，连连向对方道歉。

如果总经理一开始读懂了助理摇头的暗示，暂停一下，或者让助理上台来及时沟通，那么就可以及时地化解尴尬，终止这个意外的错误，而不会让对方亲自来纠正错误了。

在与人相处的过程中，如果对方出现摇头的动作，大多代表否定的含义。具体来说，摇头可能有以下几种暗示。

1. 拼命摇头：不对，我不同意

当对方不同意你的观点时，他可能嘴上并没有说什么，但是会拼命地摇头。如果你看到对方这样做，就需要暂停表达自己的想法，不妨试着问问对方："你觉得呢？你是怎么看待这个问题的？"以免因为自己的言行过激而引起对方的不满，使接下来的场面更尴尬，使自己更难堪。

另外，当对方对一件事情感到十分震惊、难以置信时，他也会拼命地摇头，以此来表达自己的惊奇。所以，当你向对方宣布一个好消息时，如果你看到对方在摇头，那不妨继续说下去，千万不要在这个时候给对方泼冷水，以免对方不满。

2. 轻微摇晃：我不太认同

当对方轻微摇晃头部时，表示他对你的观点不太认同，但又不是全盘否定，他在试图压抑某些情绪。此时你们仍有商量的余地，不过你应该将话语权交给对方。

3. 微微摇头，并用手拍打头部：我忘记了

当你问对方"这件事情你办好了吗"时，如果对方微微摇头，并用手拍打了一下头部，那你就不用再追问了，因为他的这个动作已经在表示懊悔和自我谴责，他肯定是把你的事情抛到脑后了。

如果你不识趣，当对方做出以上这些动作时，你还是自顾自地表达自己的观点，自我感觉良好地认为对方赞同你，那么你就很可能走入社交死胡同。

不尴尬金句

摇头在大多情况下都是"不"的代名词。当对方摇头说"不"时，你一定要赶快停止正在进行的话题！

遮住眼睛：我不想继续聊这个话题

> 眼睛是心灵的窗户，当对方遮住眼睛时，他就向你关上了那扇窗，你最好及时转身，不要再想破窗而入了。

在人际交往中，眼睛所透露出来的"语言"是有力且有效的非语言交流工具之一。如果我们可以正确地解读对方眼睛传达出来的信息，读懂对方的心里话，就可以避免说出违背对方心意的话，减少人际交往中的矛盾与摩擦，减少尴尬局面的出现，从而使社交活动更顺利。

在与人交谈时，我们往往会通过眼神来辅助交流，但是在有些情况下，我们会想要遮住自己的眼睛，或者会看到他人遮住眼睛。你知道这是为什么吗？

请你想一想：在什么情况下，你会想要遮住自己的眼睛呢？是与朋友一起看恐怖片，看到惊悚的情节时？是快到下班时间，领导告诉你要加班，你心里不满，嘴上还要说"没问题"时？还是听一个爱说大话的人夸夸其谈时？

其实，我们遮住眼睛的行为属于视觉阻断行为，是为了表达自己的"不接受"：不接受恐惧，不接受加班，不接受这次谈话。

因此，当对方出现遮住眼睛的行为时，他通常是在表达拒绝。此时，我们就需要识趣地终止谈话，或者终止正在做的事情，以免惹人不快。

当然，这里所说的遮住眼睛，并不仅仅指用手挡上，也包括以下几种情况。

1. 闭眼，揉眼睛，茫然地盯着别处

在与对方交流的过程中，如果对方长时间闭眼、揉眼睛、耷拉眼皮，或者茫然地看向别处，那就表示对方在潜意识中试图阻挡自己不想听到的事情，可能是不想继续进行这场谈话，也可能是对你正在说的事情没兴趣，感到无聊。所以，你就不要再说个不停，自讨没趣了。

2. 眯眼

当你说了一件事后，对方眯起眼睛，那就可能表示他不接受你的观点，或者有些疑惑，没有弄懂。此时，你不妨做一个贴心的倾听者，将话语权交给对方，从而将小小的误解彻底消除在成形之前，以避免引发更大的争论。

3. 频繁眨眼，目光闪烁，无眼神交流

一般来说，人们在说谎时由于紧张会频繁地眨眼，且不敢与对方有眼神交流，目光飘忽不定。此时，对方闪烁的眼神是在告诉你"我不接受质问"。如果你与对方并没有那么熟悉，那就不要直接质问对方，还是好好想一想对方为什么要说谎吧。

总之，当对方出现遮住眼睛的行为时，我们就不要再沉浸在自以为良好的交往氛围中了，要赶紧跳脱出来，及时终止这场无效的社交，让对方及时解脱，别让场面继续尴尬下去。

> **不尴尬金句**
>
> 当看到对方主动遮眼时，你就及时停下吧。

摸鼻子：我撒谎了，你别再问了

> 对方摸鼻子可能就是在告诉你"我说谎了"，那么，你在接收到这个信息后就不要再打破砂锅问到底了。

如果对方在与你谈话时，时不时地摸下鼻子，那就说明他可能是在说谎，你就不要再追根究底了，也许他不方便告诉你，也许他不想告诉你。如果你继续纠结于他说的话是真还是假，就很可能让对方难以自圆其说，让其陷入窘境。

触摸鼻子是一种很常见的肢体动作，那么，是否有摸鼻子的动作就表示对方在说谎呢？答案是否定的。要判断对方摸鼻子时是否在撒谎，或者是不是想要掩饰些什么，我们还需要结合其他的迹象，毕竟有时候鼻子不舒服，我们也是会摸摸鼻子的。

一般来说，当对方因为撒谎而摸鼻子时，动作会比较轻柔，而且是用手在鼻子的下沿摩擦一下，有时只是略微触碰一下，如果你不注意观察，就很难发现对方的这个动作。

当对方因为鼻子不舒服，如因为感冒鼻塞、花粉过敏或眼镜压迫等感到鼻子难受而摸鼻子时，动作会比较用力，而且会来回摩擦几下。这时，你会明显地感觉到对方鼻子不舒服。

另外，用手遮住嘴巴，揉眼睛，抓挠耳朵和脖子，假装咳嗽，大口吸气，等等，都可能是对方掩饰说谎的表现，我们要善于观察。

当你再看到有人做出这些动作时，要仔细考虑对方想要掩饰什么。如果是在公众场合，你即使看穿了对方的心思，也不要当面戳破，以免让对方下不来台。此时，你不妨给对方一个缓冲的空间，转换话题，从而让交往的氛围变得不那么尴尬。

不尴尬金句

摸鼻子很可能是在掩饰什么，不过你不要戳破对方的这一行为。

嘴部小动作：我感到有压力

> 别人不说，你就不知道他在想什么了吗？其实，即使对方不用嘴说出他的想法，我们也能从他的嘴部动作看出来。

在与人交往的过程中，很少有人会将自己的想法直接说出来，这就使得双方都很难明白对方真正的想法，会给人际交往带来障碍。难道对方不说出来，我们就无法知道对方的真实想法了吗？其实，即使对方不说，我们也可以通过对方的嘴部动作看出他的想法。

嘴部的动作多种多样，不同的嘴部动作可以反映出对方不同的心理。在与人交往的过程中，我们应注意对方嘴部动作的变化，以便结合对方的心理活动做出更恰当的行为，使人际交往更顺利、融洽。

常见的嘴部动作有以下几种。

1. 咬嘴唇：我很气愤

当人们心情紧张、十分气愤，却又不知道该如何发泄时，人们通过咬嘴唇的方式来表达紧张的情绪，排解心中的不满。因此，当你见到有人在咬嘴唇时，那说明对方的心情不是很好，你就不要再去找他说话了，以免引起尴尬。

2. 舔嘴唇：我太紧张了

当人们置身于陌生的环境中，或者即将面对一件重要的事情时，会十分紧张不安，通常会感到口干舌燥，于是就会不断地舔嘴唇，试图让自己平静下来。所以，对方舔嘴唇是在告诉你"我太紧张了"，此时你不妨说个笑话让对方放松下来。

3. 抿嘴：我主意已定，就这样吧

我们都有这样的体验：当风很大时，我们会紧闭嘴巴，以免凉风进入口中。其实，抿嘴也是同样的道理。当双方各执一词时，如果一个人已经打定了主意，他便会紧抿嘴唇，表示不再轻易退让。

如果在交谈过程中，你看到对方做出了抿嘴唇的动作，那就适时闭嘴吧，不要试图通过你的三言两语改变对方的想法，除非你有充足的理由，否则只会让对方对你的印象越来越差。

4. 噘嘴：我很不满 / 我很犹豫

当一个人噘嘴时，往往表示他很不满，或者持有不同的意见，

又不知该如何抉择。当对方做出这种动作时，如果你有更好的想法或办法，那就不要藏着掖着，赶快与对方分享吧！

在与人相处的过程中，了解这些嘴部动作所代表的含义，可以帮助我们更好地了解对方的心理活动，使我们不至于因为不识趣而惹得对方不悦。如果你在与对方谈话时，对方突然做出了以上这些动作，那你就对症下药吧。掌握了这些嘴部动作语言，相信你在社交活动中会更游刃有余。

> **不尴尬金句**
>
> 嘴巴没有说出来的想法，嘴部动作很可能会透露给我们。

稍息腿：我的心并不在你这里

> 虽然看似聊得欢，但是脚尖朝着出口，那就是告诉你"我的心并不在你这里，我想快点走"。

在人际交往中，我们大多会关注对方的面部表情和头部动作，而对于腿部的动作则不太注意。其实，腿部也是人体丰富的信息源之一，不同的腿部动作会透露出对方不同的心理感受。如果我们可以读懂对方的腿部动作语言，就可以更好地识别他人的情绪，减少"尬聊"情况的出现。

你在与人谈话时是否出现过稍息的姿势呢？对方是否做出过这个动作呢？所谓"稍息腿"，就是对方保持着稍息的姿势，稍事休息，为接下来自己心里真正想要做的事做准备。而伸出的脚尖所指的方向，才是对方的心之所向。

因此，当你看到对方摆出稍息姿势时，千万不要片面地认为对方想要继续跟你深谈下去，其实，这时对方很可能已经心不在焉了。你还是赶快结束交谈吧,以免氛围太尴尬。

张旭峰是一家公司的市场部经理。一天,他约了一位客户谈生意。

俩人约在咖啡厅。一开始,俩人都坐在椅子上,相谈甚欢。过了没多久,客户就跷起了二郎腿,张旭峰以为客户的椅子不舒服,并没有在意。

又过了一会儿,客户干脆站起身来,伸出一只脚朝着咖啡厅的门口。张旭峰见客户站起身,便也跟着站起身来。随后,他又详细地向客户介绍了合作的好处。

分别之后,张旭峰感觉这次沟通很顺利,也没有与客户起争执,便认为自己肯定能拿下这笔订单。

可是,他回到公司后,却始终没有等到客户的消息。当他再联系这位客户时,客户回复说自己不太记得当时的谈话内容了,因此还需要考虑考虑。

不可否认,张旭峰没有拿下这笔订单在很大程度上是因为他忽视了客户的肢体语言,没有注意到客户的心根本不在他身上。虽然张旭峰说得有理有据,但是客户听得心不在焉,所以这次沟通是无效的,是令人尴尬的。

试想一下,如果张旭峰读懂了客户的腿部动作,那么他就可以及时止损,或者与客户再约时间,或者让客户表达疑惑与见解,也不至于做了无用功。

一般来说，如果是在多人聚会中，稍息腿脚尖的朝向就是对方最感兴趣的那个人；如果是在比较尴尬的氛围中，对方想要离开时，脚尖的朝向一般是出口的方向。

此外，跷二郎腿、摆出"4"字形腿是对方有敌意的表现。在人际交往中，如果对方做出这种动作，那你就不要强求对方接受你的建议，不妨问问对方的想法，或者及时停止这次谈话，以免双方因为争执不休而闹得不愉快。

> **不尴尬金句**
>
> 脚尖的朝向就是心之所向，如果对方的脚尖没有朝向你，那你就早点放对方走吧！

频繁看手机：你该主动告辞了

> 世界上最遥远的距离是我在你身边，你却在频繁地看手机。既然如此，那就不要跟对方说"别玩了"，还是赶快告辞吧！

在与他人交往的过程中，你会频繁地看手机吗？别人频繁地看手机会惹得你不高兴吗？一般来说，在一场愉快的谈话中，是没有人会主动看手机的，除非某人早就与人有约，否则大家会很享受交往的过程。

请你想一想，你是否遇到过以下几种情景。

（1）你与一位朋友有约，当你正准备出门时，一位邻居来你家做客。你想要说出实情，却又不好意思，你只能无奈地频繁看手机，担心错过时间。

（2）过年的时候，亲戚们拉着你问这问那，比如：赚了多少钱？有对象了吗？什么时候结婚？你很不耐烦，于是掏出手机假装很忙……

（3）你对对方谈论的话题不感兴趣，于是从兜里掏出手机，看了一眼，又放回兜里。对方依旧毫无察觉，继续大谈特谈，你又掏出手机，放进去，如此反复多次……

由此可见，当我们对谈论的内容不感兴趣，甚至讨厌时，或者有其他事情要做时，就会频繁地看手机。同样的道理，当别人频繁地看手机时，我们就该知道对方并不享受与我们交往的过程。也许他们有其他事情要做，但又不好意思打断我们；也许他们对正在谈论的话题不感兴趣。不管出于什么原因，我们都应该识趣一些，或者主动告辞，或者换个话题。

除了频繁看手机之外，不停地改变坐姿、变换双腿的姿势、敲打椅子扶手等动作都是想要结束交谈，却又不好意思开口的表现。如果你发现对方有这些肢体动作，那就代表对方在下逐客令，你应赶快主动告辞。你的贴心不仅不会引起对方的反感，反而还会提升对方对你的好感度呢！

📢 不尴尬金句

对方频繁看手机，就是在给你下逐客令。你还是乖乖告辞吧！

古德定律：准确理解对方的想法才能成功

> 良好的社交是沟通无障碍的，是让对方感到每句话都说到了他的心里去的。了解对方的真实意图，与人交往才能成功。

美国心理学家P.F.古德提出"人际关系交往是否成功，要看你是否准确地把握了别人的观点"。后来人们把这个理论称为古德定律。

在人际交往中，很多矛盾都来源于我们不清楚对方的意图，不知道对方真正想要的到底是什么。如果知道了对方的真正意图，我们就可以根据对方的想法、要求来做某些事，从而满足对方的需求，减少人际交往中的摩擦。

南朝时，齐高帝与书法家王僧虔一起研习书法。

有一次，高帝问王僧虔说："你觉得你和我谁写的字更好？"

对王僧虔来说，这个问题很难回答。如果说高帝的字比自己的字好，这是违心之言；如果说高帝的字不如自己的字好，又会使高帝的面子挂不住，可能还会把君臣之间的关系弄糟。想了想，王僧虔巧妙地回答："我的字臣中最好，您的字君中最好。"

高帝听后领悟了王僧虔的言外之意，哈哈一笑，再也不提这事了。

王僧虔领悟了齐高帝的意图，这样回答既没有阿谀奉承之感，又让齐高帝不再纠结于这个问题。如果王僧虔不明白齐高帝的想法，直接说自己的字比齐高帝的字好，那么就很有可能冒犯齐高帝。

在与人交往的过程中，了解别人的意图比一味地请求对方说明白要高明得多，而且在很多时候，人们并不想将自己的想法完全地表达出来。比如，有些职员在与客户分开后，听到别人的解释才明白对方的真正意图，后知后觉，从而丢掉了订单。因此，我们需要读懂对方语言背后的真正含义，读懂对方肢体动作背后的真实意图，从而让社交活动更顺利，以免沟通不畅令大家都很难堪。

在与他人交往的过程中，如果交往遇到瓶颈，出现矛盾，请你想一想：你是不是没有理解对方的真正意图？对方真正想要表达的究竟是什么？在想清楚之后再继续与对方进行进一步的交谈、商量，你会发现社交会顺畅很多，双方也都会感到舒适。

📣 不尴尬金句

先理解对方的意图，再开始下一步的交往。

第五章

避开敏感地带，有分寸的社交更令人愉快

我们都知道"月满则亏，水满则溢"。在与人交往的过程中，我们也要掌握好分寸，不该说的话不能说，不该做的事不能做。很多社交中的尴尬情景都是当事人的自我控制力不强引起的，所以，请你做一个有分寸的人，在与人交往时要避开他人的敏感地带，不要踩雷区。

小测试：你懂人情世故吗？

在人际交往的过程中，懂得人情世故可以让你少犯错，使你的社交活动开展得更顺利，让他人在与你相处时感到更舒适。想知道你懂不懂人情世故吗？那就来测测吧！

1. 闺密过生日，你会送她什么礼物？

　　A. 送自己最喜欢的东西（1分）

　　B. 认真考虑她是否会喜欢，然后再决定送什么（5分）

　　C. 送比较实惠的日常用品（2分）

2. 不是很熟悉的人向你借钱，借钱的总额相当于你整整一个月的工资（一个月的零花钱），你会怎么做？

　　A. 心里想就算他不还也没有关系，大方地借给他（1分）

　　B. 借给他，但是之后常常提醒他还钱（3分）

　　C. 婉言拒绝，不借给他（5分）

3. 到了月底，你早已经囊中羞涩，此时朋友约你出去玩，你会怎么做？

　　A. 跟朋友说暂时手头拮据，等下个月有钱了再约（5分）

B. 直接说"我没有钱了"来拒绝（2分）

C. 看能否借到钱再考虑是否应约（1分）

4. 朋友突然到访，这时屋子里乱七八糟的，你会怎么做？

A. 说一句"太乱了，对不起"，把朋友请进屋里（2分）

B. 让朋友先在附近茶吧里等等，自己收拾好了再请他进来（5分）

C. 立刻带着朋友出去玩，不在家中停留（4分）

5. 有人约你去参加公益活动，你会怎么做？

A. 十分乐意（5分）

B. 找借口回避（2分）

C. 虽然没有什么兴趣，但还是勉强答应（1分）

6. 送新年贺卡时，你都要送给谁？

A. 只送给很熟悉的人，倘若不太熟悉的人送我，我再回送一份（4分）

B. 不论是否熟悉，只要认识的人，我都会送一份（5分）

C. 从来不送（1分）

7. 约会被放鸽子，你会怎么想？

A. 倘若理由充分，那么可以理解、接受（5分）

B. 不管有什么理由，突然取消约会就是不对的，不能原谅（2分）

C. 虽然有些生气，但他人解释后还是表示了理解（4分）

8. 走在你前面的人突然痛苦地蹲了下去，你会怎么办？

A. 热心地上前询问（4分）

B. 很好奇地看看他到底怎么了（2分）

C. 照常走自己的路，不理他（1分）

9. 倘若你的家人反对你跟恋人在一起，你会怎么办？

A. 不管谁反对，都要将爱情坚持到底（1分）

B. 和他（她）进行秘密行动，不伤害双方家长（5分）

C. 认真考虑家人的意见（4分）

10. 在你遇到困难时，你会请求什么人帮助你？

A. 真心的朋友（2分）

B. 感觉谁能帮就去找谁（5分）

✓ 结果说明

13分及以下：你是不受人情世故束缚的人

你总是用冷静的、理性的思维方式看待问题，不轻易流露自己的感情，但这也是你缺乏想象力的表现。你不懂人情世故可能是因为你经验不足，在平日里试着找些机会练习一下吧。

14～22分：你懂得人情世故，但由于过于正直而容易招人误解

你不愿意为迁就他人而说谎，对你来说，说客套话或者恭维话是很难的。这就使得你很难与别人交往。所以，你的朋友较少，但他们都十分欣赏你正直的品质。因此，你要特别珍惜你身边的朋友。

23～34分：你很善于处理人情世故方面的问题

对于自己讨厌的人，你也能摆出一副笑脸。你十分看重人情世故，内心十分害怕寂寞，害怕朋友远离自己。其实，你应该坚强一些，如此一来，你会发现自己处理人情世故方面的问题的能力很强。

35分及以上：你对人情世故的规律了如指掌

你拥有共情的特质，别人哭你也哭，别人笑你也笑，表情随时都在变化。你对待他人十分认真，不知不觉就会感受到他人的心情，不会出现不当的言行，因而，你拥有非常多的朋友。需要注意的是，由于你十分在意别人的感受，因此你在做决定时往往会受到他人意见的干扰。

再好的关系，也需要保持一定的距离

> 保持一定的距离是人际交往的一个重要的行为准则。如果距离消失，距离产生的美就不复存在。

请你想一想，如果一个陌生人贴在你的耳边对你说话，你会做何反应？如果是你的好朋友这样做，你会做何反应？如果是你的爱人这样做，你又会做何反应？

有一位心理学家做过这样一个实验。

在阅览室刚刚开门的时候，当第一位读者走进去并开始读书的时候，心理学家走过去，坐在这位读者的身边。

这个实验共进行了80多次，结果大多数人在面对这种情况时都选择了离开，有一些人则会直接质问心理学家："你想干什么？"

实验结果表明：在一个只有两位读者的空旷阅览室中，大部分人都无法忍受一个陌生人紧挨着自己坐下。

根据这个实验，我们可以得出这样的结论：每个人都有属于自己的身体空间、心理空间，一旦有人侵入这个空间，人们就会感到不安、不舒服。把握分寸恰恰是帮我们远离这种不舒服的好方法，让我们既可以顾全自己的感受，也能够顾及他人的感受，不让他人感到尴尬。

美国人类学家爱德华·霍尔博士将人际交往空间划分为四种距离，分别是公众距离、社交距离、个人距离和亲密距离。这四种距离的尺度与适用场合如下表所示：

人际交往距离	距离尺度（米）	适用场合
公众距离	3.7~7.6	商务活动场合，如演讲者与听众的距离
社交距离	1.2~3.7	工作场合，如小型会议等
个人距离	0.45~1.2	非正式场合的个人交谈
亲密距离	0~0.45	适用于亲人、好朋友、情侣、夫妻等

对于初次相见的人，如果我们没有把握好与他们交往的距离，将"公众距离"缩短至"个人距离"或"亲密距离"，那么很可能让他人感到不安，给他人留下不懂分寸的坏印象。

对于相熟的人，如果我们说话时肆无忌惮，开玩笑太过火，戳到了对方的痛处，那么即使对方知道我们并无恶意，也难免会抵触我们。长此以往，我们的人际关系就会受到不良影响。

即使对方是你的铁哥们、闺密、伴侣，你确定对方不会与自己绝交，你也不要随意侵入他人的空间，否则一场冲突就不可避免了。

因此，不论对方与我们的关系如何，我们在与对方相处时都要有分寸，以免引起冲突，使双方都感到尴尬。俗话说"距离产生美"，如果我们使距离消失，那么美也就没了，尴尬自然就产生了。

当然，在实际的人际交往中，空间距离并不是固定不变的，它有一定的弹性，会因为个人的性格、心情、具体的情境不同而有所不同。比如：一个性格开朗的人在与人交往时会容忍他人与自己靠得很近；一个人心情舒畅时就会乐于与人接触，缩短与他人之间的距离。

> **不尴尬金句**
>
> 距离会产生美，与人交往要注重维护距离之美。

有种尴尬叫心直口快

> 心直口快并不是一个人值得炫耀的优点,相反,这恰恰凸显了一个人的低情商,表现出这个人丝毫不懂得尊重他人。

"才一个月不见,你怎么变这么胖了,我都快认不出你了!"

"你多少天没洗头了啊?小鸟都能在你头上筑巢了!"

"这件衣服这么丑,你是怎么看上它的?我对你的眼光表示强烈的怀疑……"

"你能不能别这么骄傲,根本没有人会注意到你,好吗?你又不是天仙下凡……"

我们身边总是不乏这样的人,他们经常心直口快地说出自己的想法,不顾及他人的感受。最可气的是,他们在说完这些伤人的话后,还会为自己找个"免罪"的理由——"我这个人性格就这样,心直口快,不过我没有恶意,你别往心里去啊!"如此一来,好像我们一旦往心里去就成了斤斤计较的小人。结果只留下我们尴尬地僵在那里，还要口不对心地假笑着说"没事没事"。

在这些场景中，你经常扮演的是哪个角色呢？是那个对伤害了他人还无所谓的心直口快者，还是那个明明受到了伤害却只能假笑的口不对心者呢？

要知道，在社交活动中，没有人愿意总是与伤害自己的人做朋友，也没有人会毫不在意地接受你的心直口快。所以，如果你是那个口无遮拦的人，请你不要再拿"我性子直，说话就这样"当借口，请你不要让你的话语成为伤害他人的武器，更不要让自己成为制造尴尬的源头。

赵女士买了一套房子，在装修时，她托室内设计师为自己的卧室购买窗帘。等到房间装修完成后，赵女士一看账单，觉得窗帘太贵了，但是已经买了，贵也没有办法。

一段时间后，一个朋友来拜访赵女士。朋友参观赵女士的卧室时，一下子便被窗帘吸引了。

她问赵女士："你这个窗帘很漂亮，花了多少钱啊？"赵女士说出了价钱后，朋友的脸色瞬间变了，她吃惊地说："什么？怎么会这么贵呢？你一定是被骗了，他们太过分了！"

赵女士告诉朋友："毕竟一分钱一分货嘛，如果斤斤计较的话，就很难买到质量好又有品位的东西。"

"但你这也太贵了……"朋友又接着说道。

接下来，赵女士与朋友讨论不休，最终不欢而散。

又过了几天，赵女士的另一个朋友来参观新居，她表示自己也很想买赵女士的这款精美的窗帘，并夸奖赵女士有眼光。听到朋友这么说，赵女士便说自己觉得这款窗帘有点贵，有些后悔。就这样，赵女士与朋友相谈甚欢。

同样一件事，一个朋友心直口快，把自己的想法和盘托出，结果惹得赵女士十分生气，而另一个朋友没有大谈特谈赵女士的错处，反而引起赵女士的自省。这样截然相反的结果告诉我们，不要试图直接指出他人的错处，心直口快是容易惹人不快的。

如果你想成为一个受欢迎的社交者，那就不要将心直口快作为自己的独特个性，学着委婉一些，掌握与人相处的分寸。你会发现，换一种说话方式，你的话就没有那么刺耳、伤人，别人也会更乐意听，更愿意与你相处。

如果你的朋友是那个直言不讳者，而你深受其害，为了以后的友好相处，那你就把真实的感受委婉地告诉他吧！

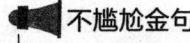不尴尬金句

有些话不要直说，拐个弯说出口更能让人接受。

与人交往要留有余地,不要绝对化

> 话说得太绝,事做得太绝,很可能会断了自己的后路。请你三思而后行,不要因自己的错误而使双方陷入尴尬境地。

"水满则溢,月满则亏"。同样的道理,与人交往时,无论是说话还是做事,都要留有一定的余地,不要把话说得太满,不要把事做得太绝,以免无法补救,令人尴尬。毕竟,不管你是否喜欢,是否愿意,凡事都可能发生意外。为意外留存一些回旋的空间,这是我们应该做到的。

说话做事不留余地,不仅会限制你的选择,还会影响他人对你的看法。请你想一想以下情景。

(1)当你拍着胸脯向领导保证"一定按时完成任务",却因为一些意外而没有按时完成时,你会有什么感觉?领导又会怎么想呢?

(2)你本来答应朋友聚会一定不迟到,结果因为路上堵车,你迟到了一个多小时。此时,你的朋友们会怎么样想你呢?你在他们心中留下的"守时"的印象是不是就不复存在了呢?

(3)你答应孩子周末一定陪他去动物园,结果领导来通知,周末全员都要加班。此时,孩子会怎么看你呢?

可见,如果把话说得太满,可能会得到一时的畅快,但是也很可能会将自己置于窘迫之中,影响自己的形象。

在与人交往时留有余地,主要包括两个方面:一是给自己留余地,即话不说绝,事不做绝,不将自己置于极端之处;二是给他人留余地,善待他人,不将他人推向绝路,不落井下石。

成熟的人大多会给自己留余地,也会给他人留余地,而不懂得留余地的人则会让自己和他人的处境都变得尴尬。

徐立和袁成杰是同一家公司的文职人员。

有一次,徐立和袁成杰因为工作中的事发生了一些小摩擦,俩人争吵了起来。本来在工作中有些小摩擦是很正常的,但徐立脾气急躁,无法忍下这口气,于是在办公室里大声地对袁成杰说:"你听好,从此以后,我们就当作互不相识。"

三个月后,袁成杰被提拔为部门主管,成了徐立的直属领导。徐立因为之前说过不留情面的话,自觉无法在公司继续待下去,无奈之下选择了辞职,离开了这家公司。

原本只是一件工作中的小事，结果徐立因为没有掌握好分寸，把话说得太满而断了自己的后路，无法转圜。如果徐立说话为自己留有余地，那么可能徐立也就不会因为这件小事而选择辞职了。

在社交活动中，很多尴尬情境都是我们自己造成的。如果我们凡事可以多一些考虑，不把话说得太满，这些尴尬就不存在了，或者会有回旋的余地。因此，我们要注意以下两点。

1. 少使用绝对的字眼

在与人交往时，我们要少使用绝对、极端的字眼，比如"保证没问题""包在我身上""一定"等，而应该多使用间接、模糊、含蓄的语言，比如"尽量""试试""可能""应该可以"等。尽量降低他人对我们的期望值，以免他们期望过高，而我们又无法完成任务，使自己的处境尴尬。

2. 不下绝对的判断

当别人没有把事情做好，或者犯错时，当我们与他人出现意见分歧时，都要给他人留余地，不要口不择言，说出"势不两立"的话，更不要进行人身攻击，自以为是地对他人下判断，比如"你真笨，一辈子也不会做成什么事""你这个人完蛋了"等。

总之，在与人交往时，我们要掌握分寸，不要太绝对化，要学着给他人留余地，也给自己转圜的空间，以减少社交中的尴尬。

不尴尬金句

不把话说绝,不把事做绝,你才有空间容纳社交中的那些"意外"。

认准"面子定律",别伤了对方的面子

> 面子的本质是尊严,给人留面子就是尊重他人。与人交往时,无论你多么优秀,都要学会给他人留面子。

面子究竟有多重要,其实在我们的一言一行中都有所体现。

"这件衣服好看,穿出去多有面儿!"

"这双鞋子也太丑了吧,穿出去多丢面啊!"

"这件事办得漂亮,不愧是我们的'智囊团',为我们挣了不少面子呢!"

"考试考成这样太丢脸了,我再也不想提这件事了。"

……

我们也常常被教育做事时要考虑自己的面子。其实,用美国心理学家马斯洛的需求层次理论来说,爱面子就是满足尊重需求的体现。我们希望自己有尊严,希望自己受人尊重,并得到他人的认可。

同样,他人也有这样的心理需求。因此,在与人交往的过程

第五章 避开敏感地带，有分寸的社交更令人愉快

中，我们也要学会给他人留面子。

照顾他人的面子，与他人开启良好的交往模式，我们可以从以下两个方面入手。

1. 不做伤面子的事

在与人交往时，我们不应仅仅以自我为中心，也应考虑到别人的感受，不要做伤人面子的事。

比如：在与人相处时，不要随意开他人的玩笑，不要羞辱他人；看不惯某人的言行，应私下与他人沟通，而不是当面指责、批评他人；识破他人的谎言，不要当场拆穿；与人打赌，不要太计较输赢，让输的一方也能有台阶下……你尊重对方，给对方留面子，对方不尴尬，你的社交活动才称得上圆满。

2. 给对方留面子

所谓给对方留面子，就是怀着"我能为对方做什么，让对方有面子"的想法去做事。

比如，当对方陷入尴尬时，你帮助他化解尴尬；当对方处于困难中时，你帮助他一起解决问题；在与对方的朋友、同事交谈时，多说对方的好话……你多给对方留面子，对方对你就会多一分信任，你也就多收获了一份情谊。

给他人留面子，这是我们参与社交活动的必备技能。如果

你忽略了这个问题,不仅很难交到朋友,还会让身边的朋友远离你。

📢 **不尴尬金句**

"人要脸,树要皮。"给别人留面子,你才能获得更多人的认可与尊重。

搬弄是非，小心搬起石头砸自己的脚

> 静坐常思己过，闲谈莫论人非。你在别人背后说的那些坏话很可能成为某一天砸到自己的"石头"，使你受伤。

你最讨厌什么样的人呢？俗话说，"宁在人前骂人，不在人后说人"。有调查显示，搬弄是非者最令人讨厌。

"你知道吗？××昨天跟媳妇吵架了，吵得可凶了！"

"我跟你说，××这个人一点责任心都没有，一碰到什么事他就推卸责任……"

"有人跟我说，××要辞职了，因为对工资不满意，而且他不想总加班，你知道这件事吗？"

你有没有说过类似的话，或者有没有人对你说过这样的话？如果你的回答是肯定的，那么请你从现在开始停止吧，不要做大嘴巴。

在背后议论他人，搬弄是非，不仅是一种惹人讨厌的行为，更是人际交往中的大忌。

美国心理学家米尔格兰姆提出了"六度空间理论",即你和任何一个陌生人之间所隔着的人不会超过六个。可以说,我们在他人背后所说的这些言语会或多或少地传入当事人的耳中,那时我们的处境便会很尴尬,既十分后悔自己的所作所为,又担心自己的不当言行给对方造成伤害。

因此,最好的做法就是在源头上切断这种可能性,不搬弄是非,不在背后议论他人。

张华和李平在同一家公司工作,他们俩是很好的朋友。然而,在公司最近的一次职位调动上,张华和李平闹了一些小矛盾。

公司新开了一个项目,张华和李平对这个项目都十分感兴趣,也都积极地向公司领导推荐自己,但公司只能选出一个项目负责人。公司领导经过协商与讨论,把这个机会给了张华。

李平对此十分不满,于是他经常跟另一位同事田芹吐槽张华,说张华做事不认真,也没有能力,在工作上经常请自己帮忙,等等,田芹每次听到这些话时都笑着不接话。

张华见李平对自己的态度如此冷淡、傲慢,便也在李平背后说他坏话,如说李平气量小、没有责任心、态度傲慢等。田芹每次听到这些话时也都是不置可否。

后来,公司要跟其他公司合作开展一个重大项目,张华和李平作为项目的共同负责人需要合作。经过这次合作,他们俩发现了对方身上的优点,认识到了自己的错误,于是,他们重归于好。

第五章 避开敏感地带，有分寸的社交更令人愉快

试想一下，如果你是田芹，当你听到一方在吐槽另一方时，你会怎么做呢？如果你也跟着吐槽，那么毫无疑问，最终你在他们心中的形象会大打折扣。在两人重归于好后，你就成了那个两边倒的"墙头草"了，没有人愿意与你继续交往。

所以，我们不仅不要当流言的制造者，更不要当流言的传播者。当别人在议论他人时，我们不要随声附和，更不要把当事人的缺点放大，或者试图将某些事实添油加醋地讲出来，从而把自己放在道德制高点的位置，让自己的行为看似充满正义。这只会让自己处于被动位置。

如果你发现某个人很喜欢搬弄是非，经常在你面前说别人的坏话，那你就要小心了。他在别人面前也很可能说了你不少的坏话，你还是有意识地远离他吧，以免近墨者黑。

不尴尬金句

不造谣、不传谣，给他人一片净土，也还自己以安静舒心。

哪壶不开提哪壶，难怪你不受欢迎

> 与人交往最忌没眼色，撞到他人的枪口上。如果你偏要戳他人的痛处，那就不要怪他人远离你。

《韩非子·说难》篇中有这样一句话："夫龙之为虫也，柔可狎而骑也；然其喉下有逆鳞径尺，若人有婴之者，则必杀人。"意思是"龙这种动物，人们驯服它之后可以把它当坐骑，但是它喉下有一尺长的逆鳞，如果有人动这个逆鳞，龙便会勃然大怒，甚至会伤人性命"。

其实，不仅龙有逆鳞，每一个人都有自己的"逆鳞"。比如，鲁迅笔下的阿Q最忌讳别人谈论自己头上的疮疤，个子不高的人最讨厌听到别人说自己矮，这些不也正是他们的"逆鳞"吗？

在与人交往的过程中，如果你触摸了他人的"逆鳞"，试探他人的底线，就很可能将自己置于尴尬之中，既伤人又损己。

第五章　避开敏感地带，有分寸的社交更令人愉快

小邹天生头发稀疏，随着年龄的增长，头顶有一块已经开始秃了，他十分介意自己的秃顶。

一天，朋友们聚在一起聊天，得知小邹新开了一个工作室，并且已经接到了一个项目，大家都十分高兴。小乔半开玩笑地说："真有你的！真是'热闹的马路不长草，聪明的脑袋不长毛'。"

一句话说得大家哄堂大笑，但是小邹的表情很难看，连连瞪小乔。

朋友们见此，连忙为小乔打圆场，解释他不是故意的。过了许久，尴尬的气氛才有所缓和。

俗话说，"打人不打脸，揭人不揭短"。每个人都有自己的短处，虽然有些人对自己的短处心知肚明，但是当听到自己的短处从别人嘴里说出来时，就会感到自尊心受挫。如果你硬要"撞枪口"，偏要哪壶不开提哪壶，社交活动就会处处受挫，到时可能不只会让人感到尴尬，还有可能引发一场争吵。

要知道，尖酸刻薄不同于幽默，如果你把揭人短处当作自己富有幽默感的体现，总是拿别人的短处、痛处开玩笑，那你就大错特错了。毕竟没有人愿意提及自己不光彩的一面，你这样做只会令人生厌。

那么，在与人交往时，我们应怎么样做才能避开他人的忌讳，不戳他人的痛处呢？

1. 不提他人的生理缺陷

所有人对自己的生理缺陷都十分在意，如果你出言不逊，对方

很可能勃然大怒,要与你一争对错。所以,我们应该避开他人的生理缺陷,不要让他人感到不适。

例如,对长得胖的人,我们应该避免说"胖""肥""臃肿"等字词;在个子矮的人面前,我们应该避免说"矮""矬""低"等刺人的字词;在残疾人面前,我们应该避免说"瘸""跑步"等容易引起对方怒气的字词。

2. 不提他人的心理阴影

每个人都有不愿他人提及的一段尴尬经历,如表白被对方拒绝,年轻时一时冲动犯下的错,等等。如果你不识趣,当众揭开别人的"黑历史",那么对方很可能会与你绝交。

如果你还想交到朋友,还想扩展自己的人际关系网,那就请你管好自己的嘴巴,拿捏好与人交往的分寸,多把目光放到他人的优点上,少说对方的缺点和不足,不要在别人的伤口上撒盐,以免引起他人的反感。

📢 不尴尬金句

不随便揭人短处,这是一个人受欢迎的基本素质之一。

不拿隐私当笑料,开玩笑也要有底线

> 开玩笑也要有度,别人的隐私不要提。一个有涵养、懂社交的人从来不会拿别人的隐私说事。

没有人愿意让自己的隐私在众人面前曝光,不管你与对方的关系有多好,你都不应该将别人的隐私当作闲谈的素材。这是讲究礼节的表现,也是人际交往中对他人最基本的尊重。否则,你让别人出丑、丢面子,别人必然会感到尴尬、愤怒,进而你们之间的关系也会受影响。

田吉宏与乐晓天是从小玩到大的好朋友,他们一起上小学、中学、大学。大学毕业后,他们共同创业,成了生意场上的至交。因为关系很好,所以他们平时开玩笑无所顾忌。

但是近期田吉宏的婚姻出了问题,刚离婚。田吉宏的心情十分低落,上班的时候总是闷闷不乐的。

在一次公司聚餐中,为了活跃气氛,乐晓天开起了田吉宏的玩笑,他举着酒杯,对着公司的同事们说:"你们说,谁能像田总一样拿到这么多证,除了毕业证书、身份证,他还有结婚证、离婚证!"

话音刚落,田吉宏怒气冲冲地离开了餐桌,原本热闹嘈杂的房间瞬间安静下来。

乐晓天不顾田吉宏的感受,在公众场合随意调侃田吉宏的隐私,虽然并无恶意,但这种行为却很难让人理解、接受。

一个随意调侃别人隐私的人,不仅不会受人欢迎,反而会暴露出自己的浅薄、缺乏涵养,还会将他人置于进退两难的尴尬境地。因此,在日常生活中,我们为人处事都应该谨慎一些,不要随意说出他人的隐私,不要做令朋友讨厌的事,以免进入对方的"黑名单"。

到底哪些属于隐私呢?不同的人对隐私的定义是不同的。不过,对于个人收入情况、女士的年龄、他人的家庭生活等,我们在与人交谈时应避免提起,以免在不经意间伤了对方的面子。

在平时的人际交往中,我们要管住自己的好奇心,不要试图探寻他人的隐私。如果朋友主动与你分享自己的小秘密,那你安安静静地听着就好,不要做个大喇叭到处宣传。

> **不尴尬金句**
>
> 尊重他人的隐私,对他人的秘密守口如瓶,你才能获得更多的信任,建立更好的人际关系。

刺猬法则：与人交往要保持适当的距离

> 刺猬法则指的是在人际交往中，我们要与他人保持适当的距离，也就是"心理距离效应"。

为了研究刺猬在寒冷季节的生活习性，生物学家做过一个实验。

在寒冷的冬季，生物学家把十几只刺猬放到户外的空地上。这些刺猬冻得浑身发抖，为了取暖，它们紧紧地靠在一起。但是由于它们身上都长满了刺，紧挨在一起就会刺痛对方，因此，它们很快就各自分开了。

天气冷得难以忍受，没过多久，它们又开始聚拢到一起，但是很快刺痛的感觉促使它们再一次分开。

在折腾了几次后，它们最终找到了比较合适的距离，既能够相互取暖，又不会被扎痛。

这些刺猬最终保持的这个合适的距离，就是我们常说的"心理距离"，也是能够让交际双方都感到舒适的距离。

在现实生活中，相信很多人都有这样的体验：你与对方的关系越亲密，你们之间发生摩擦和矛盾的频率就越高。比如情侣之间，时间久了经常吵嘴，反观以前，当你与恋人刚刚相识时，你们之间的相处反而没有那么多摩擦，也更让人怀念。

其实，这是因为你们之间的心理距离在缩短，甚至在逐渐消失，于是距离没有了，那些因为距离而产生的美也就不见了。

每个人都需要自我空间，这就好像是繁忙工作之后可以放松休息的午后时光，使人惬意。如果你打破了这份宁静，闯进了他人的私人领地，那么无疑会引起他人的反感，甚至会遭到"驱逐"。

因此，在与人交往的过程中，我们应当了解他人需要的自我空间，并有意识地与他人保持最佳的交往距离，从而让他人在与我们相处时感到舒服。

当然，我们也要留有自己的空间，不应将自己的事情全都告诉他人。在人际交往中，不管与对方的关系如何，我们都要把握好分寸，与对方保持适当的距离，既不要让对方"刺伤"我们，也不要"刺伤"对方，从而使双方可以舒服地相处、交往。

不尴尬金句

距离会产生美。在社交中不侵入他人的空间，与他人保持适当的距离，才能让彼此都感到舒适。

> 分清场合,
> 轻松化解社交尴尬

下篇

第六章

真诚和幽默,能有效打破与陌生人之间的僵局

与陌生人初次相见,应该说些什么打破冷场局面呢?打招呼时忘记对方名字太窘迫,如何再次得知对方名字才不尴尬呢?一个话题陷入绝境时,怎样做才能绝处逢生呢?……如果你并不擅长这些,那么本章的内容会教你运用真诚与幽默快速地与陌生人搭上话,帮助你打破社交中的尴尬局面。

小测试：你是否善于交际？

不尴尬社交的目的就在于建立良好的人际关系，而要建立良好的人际关系，除了要靠一颗真诚的心外，还要具备善于交际的能力。想知道你是否善于交际吗？那就请你回答下面的问题。

1. 一位朋友邀请你参加他的生日，可是参加聚会的其他人你都不认识，你会怎么做？

    A. 借故拒绝，告诉他那天已经和别的朋友有约了

    B. 愿意早去一会儿帮助他筹备生日

    C. 非常乐意借这个机会去认识新朋友

2. 在路上，一位陌生人向你询问到火车站怎么走。这是很难解释清楚的，而且你还有急事要做，这时你会怎么做？

    A. 让他去向远处的一位警察打听

    B. 尽量简单地告诉他

    C. 把他引向火车站的方向

3. 表弟到你家来，你已经有两个月没有见到他了。可是，这

天晚上，电视上会放一部非常精彩的电影，你会怎么做？

　　A. 边看电视边与表弟聊天

　　B. 说服表弟与你一块看电视

　　C. 关上电视机，让表弟看你假期时照的照片

　4. 工资发下来后，你会怎么做？

　　A. 把钱搁在一边

　　B. 买一些东西，如油画、一盏漂亮的灯，用来装饰卧室

　　C. 和你的朋友们小聚一次

　5. 邻居要看电影，他们让你帮忙照看他们的孩子。孩子睡醒后哭了起来，你会怎么做？

　　A. 关上卧室的门，到餐厅去看书，不管孩子

　　B. 看看孩子是否需要什么东西，如果他无故哭闹，就不管他，因为他最终会停下来的

　　C. 把孩子抱在怀里，哼着歌曲让他再次入睡

　6. 在闲暇时间，你喜欢干些什么？

　　A. 待在卧室里听音乐

　　B. 到商店里买东西

　　C. 与朋友一起看电影，并与他们聊天

　7. 当你周围有同事生病住医院时，你常常会怎么做？

　　A. 有空就去探望，没空就不去了

　　B. 只探望与你关系好的人

　　C. 主动探望生病的人

8. 在你选择朋友时，你会怎么做？

A. 只能和与你兴趣相同的人友好相处

B. 与兴趣、爱好不相同的人只是偶尔相处

C. 你几乎与任何人都能合得来

9. 如果有人请你去玩或在聚会上唱歌，你往往会怎么做？

A. 断然回绝

B. 找个借口推辞掉

C. 欣然应邀

10. 如果他人对你十分依赖，你会怎么做？

A. 避而远之，不喜欢结交依赖性强的朋友

B. 并不介意，但还是希望朋友有一定的独立性

C. 很好，喜欢被人依赖

✓ 评分规则

选A项计1分，选B项计2分，选C项计3分。

✓ 结果说明

15分以下：你很不善于交际

你有些自私，是一个典型的利己主义者。你的朋友很少，这需要你从自己身上找原因。如果你可以改正一些缺点，相信你的社交情况会有所好转。

15~25分：你比较善于交际

你不喜欢独自待着，喜欢朋友们围在身边。你很乐于助人，如果不会耗费你太多精力的话，你也很喜欢帮朋友的忙。

26~30分：你非常善于交际

你的朋友们很喜欢你。你总是面带笑容，为别人考虑的比为自己考虑的还要多，你的朋友们都为有你这样一位朋友而感到幸运。

初次相见两无言，不妨先做个自我介绍

> 与陌生人相见时场面太安静？千万不要觉得"此时无声胜有声"。赶快做个自我介绍，打破这尴尬的沉默吧！

与陌生人第一次见面，很多人都不知道应该如何与陌生人交谈，因而很容易冷场，使人感到十分不舒服，甚至尴尬。其实，不论是在职场面试还是在日常交际中，先做个自我介绍可以有效地打破与陌生人之间的隔阂，缓和尴尬的气氛。

你是否遇到过以下情景呢？

（1）朋友结婚，你去参加朋友的婚礼，但是你不认识朋友的其他朋友，在餐桌上，你不知道要说什么来化解尴尬。

（2）在一次工作聚会中，你想要借这个机会认识一位作家，但又不知道该如何开口。

其实，要想打破这种尴尬的局面，你不妨先做个简单的自我介绍。因为对你来说，对方是陌生人，会让你感到紧张，不知道如何开口才不显得突兀。同样，对于对方来说，你也是个陌生人。如果你可以放下心中的不安，做一个简单的自我介绍，对方自然也会放下心中的隔阂与你交往。

一提起自我介绍，相信很多人都会感到头疼。大多数人在进行自我介绍时都会介绍自己的名字、年龄、工作、籍贯等，而这些内容往往无法引起他人的兴趣。其实，只要稍微变一下方式，你的自我介绍就能打破与陌生人之间的隔阂。

要成功地进行自我介绍，除了要做到神态自然、举止优雅之外，还可以从以下几个方面着手。

1. 寻找人际联系

根据美国心理学家米尔格兰姆提出的"六度空间理论"可知，在做自我介绍时，我们可以找出与对方的人际联系，通过这种方式缩短与对方的距离，消除彼此之间的陌生感。

在赤壁之战中，鲁肃见诸葛亮的第一句话是："我，子瑜友也。"子瑜就是诸葛亮的哥哥诸葛瑾。这一句话就让诸葛亮与鲁肃不再那么陌生。如果你能细心观察，相信这一招会让你迅速化解尴尬。

比如，在婚礼上，你可以与对方交谈："我是新娘大学时的朋友，你呢？"在工作聚会中，你可以打开话题："我与这场活动的主办人共事，您对这场活动是否满意呢？有什么建议吗？"

2. 找共同点

要化解与陌生人之间的尴尬，只靠你自己说是远远不够的，还应打开对方的话匣子，找出双方的共同点，这样才能让对方有话可说。因此，自我介绍应着重在双方的共同点上，比如兴趣爱好、出生地、学校、所学专业等。

例如，你想要结识一位作家，不妨这样说："听说您是一位作家，我是中文系毕业的，对写作非常感兴趣，很想向您取取经呢。"相信经你这样一说，对方就会对你多一分好感，你们也就不会面面相觑，无话可说了。

总之，当与陌生人初次相见时，如果不知道该如何打破尴尬，不妨先做个自我介绍吧！不过，这个自我介绍不能千篇一律，要根据我们的交际目的和所处场合进行调整，以便让对方听得舒心，让尴尬消失于无形。

📢 不尴尬金句

自我介绍也有讲究，发现人际联系，找个共同点，你的自我介绍才能化解尴尬。

密闭空间里没话说，找个共同话题来救场

> 与陌生人同处于一个密闭的空间内，很多人都会产生不舒服的感觉。此时，你不妨找个能够激发对方谈兴的话题，让氛围别那么尴尬。

我们每天都会遇到很多陌生人，如果是擦肩而过，我们并不会感到尴尬，但是如果要与陌生人在密闭的空间里待着，无话可说，就会让我们感到十分不自在。比如在电梯里、在出租车上、在理发店里，此时，找个话题来聊一聊以缓解尴尬就显得十分必要。但实际上，并不是每个话题都那么适合。如果话题选择得不恰当，反而会把场面弄得尴尬让双方更加不自在。

有时候，我们也想要找一个彼此都感兴趣的话题聊一聊，但是由于不了解对方的兴趣爱好，这种做法便很难真正实行；有时候，对方也想找个话题跟我们聊一聊，但往往是经过一个回合的问答后，场面又恢复到了原本的尴尬状态。

因此，要想打破这种尴尬，不再大眼瞪小眼，不妨从我们身边入手，找个共同话题。

在找共同话题时，可以从以下两个方面着手。

1. 借助周边的环境

比如，在小区的电梯里，你与见过几面但并没有说过话的邻居打招呼："你好！"对方也回复你："你好！"接下来，电梯里异常安静，你们互相看看对方，相视一笑，尴尬异常。

此时，你就可以用最近小区里或者小区附近发生的事情来打破沉默，如："物业通知明天要断电，你看到了吗？做好准备了没有？""这个小区的绿化还真是不错呢！晚上的喷泉也很漂亮！"

在你这样简单地说完之后，对方自然会应和几句，这样你们在电梯里的相处就不会那么尴尬了。

2. 谈论与对方职业相关的话题

我们在与陌生人接触时，很难一开始就了解对方的兴趣爱好，但在很多情况下我们都能知道对方的职业。因此，要想打破尴尬的局面，我们就可以从对方的职业入手，谈论与对方的职业相关的话题。

比如，在出租车上，为了让车内的氛围不那么沉闷，我们可以与出租车司机聊一聊路况、令人印象深刻的乘客，或者司机认路的方法，等等。你可以说："这边的路况太复杂了，我走了好多次还是不记得这里的路,你是怎么记住这些路的呢?"也可以对使用导航的司机说:"我也在用这款导航软件,真是太方便了,再也不会走错路了。"

总之,要打破与陌生人同处一室的尴尬,不妨借助周边的环境、对方的职业等显而易见的特点,展开话题,让气氛变得活跃起来。

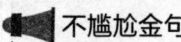 不尴尬金句

与对方同处一室,就找些共同话题来聊一聊吧!

不会闲聊，说点"废话"也不错

> 打完招呼聊什么？闲聊没有那么多讲究，别担心你的话没营养，只要场面不尴尬就行了。

很多人都抱怨自己不知道该跟陌生人聊些什么。如果在与人交往时带有很强的针对性与目的性，知道自己要达到什么目标，比如要拿下订单，要取得对方的联系方式，要解决一些工作中的问题，等等，那么与人相处、聊天就会直奔主题，更加自然。但若仅仅是闲聊，这就让很多人犯了难，往往是想了半天，却一个字也吐不出来。

其实，闲聊并没有那么难，哪怕说一些没营养的"废话"也可以，你会发现要拉近与陌生人之间的距离其实很容易。

闲聊可以从以下话题开始。

1. 聊天气

天气是最常用的话题。天气对我们的影响很大,而且大多数人都会对天气感同身受。艳阳高照时,人们会心情愉悦;下雨、下雪时,交通不便会给人们带来影响;出现雾霾时,人们也可以互相抱怨一番,说一说自己的防霾措施等。而且,与人聊天气时,你可以随口就来,不会卡壳,还不会触碰对方的隐私。所以,如果不知道聊什么,你们就聊聊天气吧!

2. 聊新闻

现在几乎人人都看新闻,无论是科技新闻、体育新闻、社会新闻,还是娱乐新闻,只要是近期出现过的热点新闻,你都可以将其作为谈资,打破没话聊的尴尬局面。如果你对某些热点事件有自己的看法,也可以分享一下,说不定对方还会对你刮目相看呢。

3. 聊运动

我们常说"身体是革命的本钱",运动的话题是永不过时的。如果对方的身材保持得很好,你可以向对方请教保持身材的秘诀;如果对方偏胖,我们就不要聊运动健身的话题了,以免戳到对方的痛处,令人不快。

4. 聊糗事

与陌生人交往,我们都会有些忌惮,难以打开心扉。对方对我们也是同样的感觉。因此，要拉近与陌生人的距离，让闲聊更自然，我们不妨聊一聊自己经历的某些糗事，在博得对方一笑的同时，也能消除对方的心理隔膜。比如，买了某些自己不需要的东西，因为记错时间而错过约会，等等，这些无伤大雅的小事会让对方觉得你为人随和，容易相处。

当然，自曝糗事也要有个度，不要用力过猛，以免对方觉得你不值得信任，把你当成一个笑话，那就真的是费力不讨好了。

另外，音乐、读书、家庭、娱乐活动等也是闲聊常用的话题，我们可以根据具体的情况选择适当的话题。

这些话题看似没什么意义，实际上却可以消除对方的紧张感，拉近双方的距离，使谈话的氛围更融洽，为双方进一步的交往奠定基础。所以，当你不知道该与陌生人聊些什么时，不妨试试这些话题吧！

📢 不尴尬金句

与陌生人闲聊没话说，不妨说些"废话"，让尴尬自然消除。

"您叫什么？"忘记名字好尴尬

> "刚说完就忘了""就在嘴边但就是想不起来"……忘记对方的名字太尴尬，赶紧学几招救场术吧！

你在路上走着，迎面走过来一个熟人，但是你怎么也想不出来对方的名字，你要怎么办？

在一场聚会中，有个人走过来跟你打招呼，你左思右想，还是想不出这个面熟的人叫什么名字，你怎么回应他呢？

你正在跟一位刚结识的人聊天，对方刚刚向你介绍了自己的名字。此时，你的一位朋友朝你走过来，你想要向朋友介绍这位刚刚结识的人，但忘记了对方的名字，你要怎么做呢？

在人际交往中，忘记对方的名字无疑是尴尬的情况之一。在忘记对方的名字时，你会怎么做来化解尴尬呢？以下三招可以让你摆脱尴尬的处境。

1. 巧妙地套话——"那之后怎么样?"

即使你想不起来对方的名字,也要注意不要被对方发现。其实,你可以试探性地询问对方:"经过上次见面之后,你的工作进行得怎么样了?""那之后有什么新鲜事吗?"当你这样说了后,对方就会进入新的话题中,聊一聊自己遇到的新鲜事,而不会纠结于"你是否记得我的名字"。

所以,当你想不起对方的名字,而又不得不与对方交谈时,不妨试试"那之后怎么样"这句话吧!

2. 报上自己的名字——"我叫××。"

在一场社交活动结束时,如果你想要记住对方的名字,不妨再主动报上自己的名字,以免直接询问对方让对方尴尬。此时,你可以对对方说:"和你聊天很愉快。对了,再告诉你一遍,我叫××。"然后你一脸期待地看着对方,相信大多数人都会明白你的意图,再报出自己的名字。

3. 让对方说出来——"你们互相做个自我介绍吧!"

如果你是两个人共同结识的那一方,但又不凑巧地忘记了其中一方甚至双方的名字,那你不妨语气轻松地说:"见到你们真开心。对了,你们互相做个自我介绍吧!"这样,场面既不会太尴尬,你也多了一次记住对方名字的机会。

当你忘记对方名字的时候，不要着急，瞅准场合和时机，试试这三个妙招吧！当然，要彻底避免忘记别人名字的尴尬，最好的方法就是别忘记。

📢 **不尴尬金句**

　　突然"失忆"，忘记了对方的名字，不妨让对方自报家门吧！

对方喋喋不休，不妨在他兴头上插嘴

> 聊天不是独角戏，如果有人总是喋喋不休而又不自知，那你就需要想办法摆脱这种社交困境了。

对有些人来说，即使是跟陌生人在一起，他们也能喋喋不休。如果你恰好有时间，对对方谈论的话题也正好感兴趣，那么你们的社交活动会很有效，也会很自然。

但如果你对对方的话题不感兴趣，或者赶时间，那么对方的"热情"就会变成压力，令你不知如何是好。而且，考虑到双方的交情不深，如果你直接打断对方会显得自己很没有礼貌，甚至会让对方感到没面子，这就很让人犯难了。

其实，要摆脱这种社交困境，在对方谈话的兴头上插嘴是不错的方法。你可以根据实际情况采取以下两种方式摆脱困境。

1. 假装跟朋友打招呼

如果你是在一场聚会中结识了这位喋喋不休的陌生人，那么考虑到聚会场所中的人很多，在对方谈话的兴头上，你可以冲着对方的身后，假意向别人招手，然后略带歉意地对对方说："不好意思，我刚看见了一位朋友，你刚才在说什么？"

如果对方还是没有领会你的意思，你可以故伎重施，让对方觉得你的朋友一直在招呼你过去。或者，你也可以直接跟对方说："不好意思，我的朋友好像有事要跟我说，我们待会儿再接着聊吧！"然后你就可以略带歉意地离开这个令人厌烦的尴尬之地了。

别担心对方会一直看着你，揭穿你的谎言。在大多情况下，他们只关注自己，当你离开后，他们会寻找下一个"猎物"的。

2. 称自己有其他安排

你想要快点结束这场没完没了的谈话，可是你发现对方的健谈程度超出你的想象，你想要找个聊天空档都很难。此时，你不妨在对方聊天的兴头上，直截了当地对他说："抱歉，听你讲话很有意思，可惜我接下来还有其他安排，真是不好意思。"

这样，对方就会觉得你很享受这次谈话，你们之间并没有什么不愉快。即使对方还有很多话想说，他也会放你离开的。但如果你是在聊天冷场的间隙说出这些，那么对方很可能会觉得你是因为跟他在一起感到无聊，才找了借口想要逃离。

总之，遇到极度热情、喋喋不休的陌生人，在对方谈话的兴头上插嘴打断他远比在谈话冷场时找借口溜走要好得多。如果你想摆脱对方，又不想伤了对方的自尊心，影响你们交往的氛围，那就学着演演戏吧！

📢 不尴尬金句

> 遇到喋喋不休的陌生人，你不妨在对方聊天的兴头上插嘴。

话题被聊死,"恋战"要不得

> 一个话题即使再有趣,在聊过几次或者深入交流之后,也会让人语尽。如果你还抓住这个话题不放,只会令场面越发尴尬,及时跳出来才是上策。

在聊天中即使是再感兴趣的话题,也有卡住、聊不下去的时候。当话题卡住的时候,如果你想缓和尴尬的气氛,千万不要再继续往这个"坑"里跳,而是要赶紧悬崖勒马,及时结束话题。

在与陌生人聊天时,由于很多人的防范心都很强,如果你发现自己的热情遇到了对方的冷脸相对,那就不要"恋战"了,赶紧结束话题吧!如果你继续在这个话题上纠缠不休,只会让人觉得你不识趣,因而对你产生反感。

甲:你喜欢看美剧吗?
乙:不怎么看。

甲：最近《生活大爆炸》已经完结了，真是让人不舍啊。

乙：嗯。（微笑着看着甲。）

甲：这部剧很有意思，我建议你可以看一下。

乙：不好意思，我平时不怎么看美剧的。

相信你就算没有身处其中，也能感受到满满的尴尬。如果你不想成为制造尴尬的那个人，不如在话题刚刚卡住的时候就转移话题，结束当前这种无效又尴尬的交流，让自己解放，也让对方感到轻松。

有些人觉得草草地结束谈话可能会让对方觉得不被尊重，其实不然。如果其中一方或者双方都觉得这场谈话令人不快，甚至感到压抑，那么趁早结束当前的话题反而是一种解脱，拖得久了对双方来说反而是一种折磨。

当你发现当前的话题被聊死，双方都无话可说时，千万不要"恋战"，你可以采取以下方式来化解当前的尴尬。

1. 自然地展开下一话题

如果你们前一秒还聊得热火朝天，下一秒就陷入了无尽的沉默中，那可能代表在这个话题上，你们都已经到了无话可说的地步。此时，转移话题无疑是最好的选择。你可以自然地展开下一个话题："聊到这里，我很想知道你对××怎么看？"

如果对方对你爱搭不理，你就基本可以判定对方对你聊的话题没有兴趣了,那么你可以试着换个话题聊,比如:"关于这件事我们所知确实不多,你对前一段时间的××事件有什么看法?"

由于我们对陌生人知之甚少,因此,在与陌生人聊天时,话题卡住的情况比较常见。只要我们不在同一个话题上继续纠缠,就不会给他人带来很大的困扰。而且,如果你转移之后的话题恰好是对方感兴趣的,那么你们之前的尴尬便会一扫而光,对方对你的印象也会好转。

2. 用告别来结束聊天

如果你谈起了几个话题,对方都态度冷淡,那么你就可以确定对方并不是对你谈论的话题不感兴趣,而是对你这个人不感兴趣,不愿意与你交谈。此时,你还是识趣些,主动告辞吧!

此时,你可以简单地用一句"那么今天先这样吧"或者"那下次再联系"作为结束语,既可以快速地结束聊天,又不失礼貌与风度。

在适当的时机转移话题,结束当前的谈话,可以在一定程度上避免他人的尴尬,让我们的社交活动更自然,也更令人轻松。

不尴尬金句

一个话题聊不下去时,就及时换个话题吧!

晕轮效应：从不同方面了解他人，忌以偏概全

> 晕轮效应指的是我们更倾向于根据个人的好恶来评价他人，因而很容易忽视他人的另外一面，即"以偏概全"。

晕轮效应也称为"光环效应""成见效应"，指的是在人际交往过程中，我们会对他人身上的某些品质或特征印象深刻，从而看不到他人身上的其他品质或特征，导致以点带面、以偏概全。这种认知特点就像月晕的光环一样，向周围弥漫、扩散。在这种认知模式下，我们会放大他人的某些特征，无法对他人做出全面而中肯的评价。

心理学家做过一个实验：

心理学家在黑板上写了五种品质，分别是聪明、善良、努力、认真、热情，并告诉被试者，这五种品质都是一个人具有的。然后，心理学家让被试者想象一下这个人的样子。被试者脑中都浮现

出了一个友善的人。

随后,心理学家换掉其中的一种品质,将"热情"换成了"冷漠"。此时黑板上的五种品质分别为聪明、善良、努力、认真、冷漠。心理学家再让被试者想象一下这个人的样子。此时,几乎所有的被试者都认为这个人是一个傲慢无礼的人。

仅仅一个词的变化,就能让人对他人产生完全不同的评价,可见晕轮效应的影响力之大。

在生活中,晕轮效应的影响很常见。比如:热恋的情侣之间会觉得对方身上全是优点,没有缺点;一个人做了一件好事后,人们就觉得他肯定是一个好人,即使犯了错也是情有可原的;当老板听说一个员工工作能力较差时,即使该员工做出了很多成绩,老板也会觉得这是巧合,不是他的真本事。

有研究表明,在人际交往的过程中,78%的人都会受晕轮效应的影响。如果我们无法客观地看待他人,总是凭着自己的感觉对他人妄下判断,就很可能对他人做出错误的评价,甚至有可能将一个性格内向的人误认为性格外向,将一个乐于助人的人误认为自私,给沟通带来障碍。

因此,我们在与人相处时,应该注意多从不同的侧面去了解他人,避免以偏概全。

另外,在与人相处的过程中,我们还可以利用晕轮效应将自己优秀的品质展现出来,让这个"光环"在他人的脑海中不断放大，从而给他人留下好印象，从而为我们建立良好的人际关系奠定基础。

不尴尬金句

利用晕轮效应推销自己，但不要让晕轮效应影响自己。

第七章

懂点"尬聊"化解法,让职场人际关系更融洽

与领导搭乘同一部电梯,如何展开话题才能不尴尬呢?与领导存在意见分歧,怎样处理才能让双方都有面子呢?遭遇客户投诉,如何做才能浇灭客户心中的怒火呢?……如果你对这些职场社交活动存在疑问,本章会帮助你答疑解惑。

小测试：你的职场问题处理能力如何？

在职场工作中，我们经常会面对常见的难题或者一些突发事件，只有恰当地处理这些难题才能化解尴尬。想知道你的职场问题处理能力怎么样吗？请你根据自己的实际情况来完成这个测试吧！

1. 你感觉上个月工作做得不错，可到发奖金时，领导只给你发了很少的奖金。你的一位朋友告诉你："这是因为有个同事在领导面前说了你的坏话。"你听后会怎么样？

　　A. 很生气，但自己憋着

　　B. 很生气，找领导讲清楚

　　C. 首先对自己上个月的工作情况进行反思，必要时澄清一下

2. 你是个有家室的正派人，由于工作需要常和某女士（男士）来往、接触，最近，你听说有人捕风捉影，对你们妄加议论，你会怎么做？

　　A. 感到很委屈，为了不让人议论想辞掉那份工作

　　B. 下决心要找出造谣者，并找他算账

　　C. 不理那一套，不管别人说什么，自己明白就行

3. 你和同事一起外出办事时，你办了一件尴尬事，回来后同

第七章 懂点"尬聊"化解法，让职场人际关系更融洽

事当众拿你这件事寻开心，让你出洋相，这时你会怎么做？

　　A. 面红耳赤，感到下不来台，心里很生气

　　B. 以牙还牙，揭对方的老底寻开心

　　C. 和同事们一块大笑，事后再说明原委

4. 你因工作有成绩而涨了工资，同事们要你请客，这时你会怎么做？

　　A. 你认为没必要而予以拒绝

　　B. 只找几个要好的同事到餐厅吃一顿

　　C. 感谢同事们的关照，必要时有个表示

5. 你因工作中一时失误，受到上司的批评和处罚，原来和你处得不错的人不但不来安慰你，反而躲得远远的，你会有怎么样的反应？

　　A. 对这种朋友深恶痛绝，发誓不再跟他交往

　　B. 随他的便

　　C. 毫不介意

6. 你的一位很要好的同事因工作变动要去另一家公司工作，你会怎么做？

　　A. 觉得和自己没多大关系，毫不在意

　　B. 设法说服他，不让他离开

　　C. 开心地为他饯行，祝他如意

7. 你们公司从外地购来苹果出售，给别人的苹果都不错，但给你的苹果却大小不一，还有烂了的，这时你会怎么做？

A. 很生气，倒掉不要

B. 心中不悦，但还是付钱

C. 认为这是偶然发生的，并不是在故意为难你，高兴地付钱

8. 市场上你平日喜欢吃的某种食品涨价了，你会怎么办？

A. 大发牢骚，但还是买

B. 它涨它的，照买不误

C. 少买些，把菜谱适当调整

9. 你有一门远亲患病，从外地投奔你，而你工作很忙，这时你会怎么做？

A. 很厌烦，借故推托了事

B. 热情接待，但告诉他你爱莫能助，请他谅解

C. 尽管有困难，但也热情接待，想办法满足他们的要求，劝他们多住些日子进行治疗

10. 你的同事结婚、生日或迁居时，你会怎么做？

A. 假装不知道或借故躲开

B. 对普通朋友冷漠，但对关系好的则送重礼

C. 尽管要花点钱，还是会选些有特色的小礼品表示心意

✅ 评分规则

选A项计1分，选B项计2分，选C项计3分。

✓ 结果说明

10分：你的职场问题处理能力较弱

在人际关系中，你不善于变通，经常意气用事，做事很少考虑后果。如果你不改变这种处事方式，与同事之间的关系会越来越差，也不利于你的个人职业发展。在遇到一些问题时，你要学着控制自己的情绪。

11~25分：你的职场问题处理能力一般

你具有一定的职场问题处理能力，但在处理问题时经常会拖泥带水、犹豫不决，有时候不仅无法解决问题，还会将自己置于尴尬的境地。因此，你需要勇敢面对问题，并相信自己有能力解决这些问题。

26分及以上：你的职场问题处理能力很强

你的反应能力很强，在处理问题时做出的决定大多是正确的。再加上你待人真诚，所以同事们都很喜欢你。

电梯里遇到领导，同样能愉快聊天

> 领导不是你的敌人，不要把领导放到你的对立面。与领导同乘一部电梯时，抓住这个机会，主动跟他打个招呼吧！

很多职场人士都有一个困扰：在电梯里遇见领导怎么办？是扭过头去一言不发，还是跟领导打招呼呢？如果打招呼又该说些什么呢？尤其是在只有自己和领导两个人乘一部电梯时，如果自己一言不发，等着领导来搭话，那岂不是尴尬至极、无礼至极？

虽然乘坐电梯的时间很短，可能只有20秒或者30秒，但在电梯这个密闭的空间里，若是两个人都一言不发，那电梯中的氛围就会十分尴尬。心理学上有一个近因效应，即最近一次他人对你的印象会影响他人对你的整体看法。如果你在电梯里给领导留下了不好的印象，那么恐怕领导对你的整体评价就会减分。

很多领导都很健谈，如果你能主动与领导打个招呼，开个话头，领导自然不会冷脸相对。况且，见面打招呼是人际交往的基本礼仪，我们没理由对领导视而不见。

与领导同搭一部电梯时，我们可以采取以下做法。

1. 微笑打招呼

首先，我们要露出微笑，主动与领导打招呼："早上好，×总。"相信领导一定会礼貌性地回应。

2. 巧妙恭维

招呼过后，你可以适时地恭维一下领导，比如夸奖领导的服装搭配好看。对于女性领导，可以夸奖她们的口红颜色、发型等。相信听到你的夸奖后，领导心里肯定很高兴。

3. 简单汇报

如果到达的楼层较高，时间比较长，你可以稍微介绍一下自己（对新员工适用），或者简单汇报一下自己的工作，将这次见面当成一个机会。

如果你是新入职的员工，可以趁机向领导介绍自己："我是×部门的××，刚入职不久，很高兴跟您搭乘同一部电梯。"如果还有时间，你也可以说一说自己入职新公司的感受，但要注意尽量说正面积极的想法。

如果你是公司的老员工，可以向领导介绍自己手里工作的进展，比如："我现在负责的那个项目进行到最后阶段了，正好有个疑问想要向您请教。"注意谈话时一定要言简意赅，不要长篇大论，毕竟在电梯里的时间是有限的。

4. 主动道别

当电梯快要到达时，如果你要先下电梯，可以跟领导道别："×总，我到了，先去工作了。"如果领导先下电梯，你要礼貌地与领导道别："×总，再见！"

相信愉快地聊天后，领导对你的好感度会噌噌上升。如果你不知道该怎么与领导交谈，那就提前准备好一些话题，以备不时之需。

有一点要注意：在电梯中与领导交谈的目的是化解尴尬，打破冷场，所以你要表情自然，露出微笑。如果你神情紧张，说话不流畅，那么不仅达不到化解尴尬的目的，反而还会给领导留下糟糕的印象，让场面变得更尴尬。所以，除了要找好话题，我们还应该练习控制自己的表情，让神态更自然。

另外，在办公室的走廊、休息区、吸烟处等碰到领导时，你都可以与领导简单地打个招呼，然后利用"当前正在做的工作"展开话题，让双方不再沉默。

📢 不尴尬金句

自然地跟领导打个招呼吧，在电梯内的短暂交流也会为你加分。

口误了，用反问补错圆回来

> 口误会让人很尴尬，但若是圆场圆得好，照样可以让尴尬消失于无形。学点反问补错的技巧，你也能圆场。

俗话说："人有失足，马有失蹄。"在人际交往过程中，每个人难免会陷入失言的窘境。有时候，我们明明想表达的是这个意思，却说出了与本意完全相反的话。如果是在家庭聚会或是在朋友聚餐中，很多人都会对此报以哈哈一笑，不去计较，但若是在较为正式的场合中，我们就不能任由口误继续发展下去，而应该及时纠正，将场面圆回来。

在公司的一次演讲比赛中，一名员工进行了题为《员工不是扑克牌》的即兴演讲。

在演讲过程中，这名员工说："员工是可以由老板任意掌控和摆弄的扑克牌……"这话一说出口，他就意识到自己漏讲了一个"不"字。

虽然仅是一字之差，但是意思完全变了。在这紧张的时刻，他忽然急中生智，赶紧补充道："这难道不是许多公司老板的错误看法吗？"

运用一个反问句，就弥补了自己的口误，避免了尴尬局面的出现。

我们也可以像这名员工一样，在口误后用反问的方式来补错，做到及时圆场，化解尴尬。

要想正确地运用这种方法，就要遵从三个步骤：一是反问，二是否定，三是正确表述。即对自己说错的内容进行发问，然后给予否定的回答，最后再进行正确的表述，以免产生歧义。

例如，你原本想说"没有人能随随便便成功"，却不小心说成了"每个人都能随随便便成功"，就可以及时进行反问补错："这样想对吗？当然是错的！没有人能够随随便便成功！"经过这样一番补救，你说的话既流畅又有道理，自然不会让人觉得尴尬。

每个人都可能会说错话，如果你在口误之后没有及时补救，很可能会使自己陷入尴尬的境地，也使他人不快，影响人际关系。如果你掌握了弥补口误的技巧，就可以在他人尚未察觉之时，不露痕迹地将这个错误加以弥补，从而轻松地摆脱窘境。

◀ **不尴尬金句**

口误不可怕，自问自答来解尬。

做即兴发言，套用"三步走"策略

> 即兴发言对嘴笨的人来说，简直比走蜀道还难。很多工作能力很强的人都因为即兴发言不到位而被领导看轻。其实，做好即兴发言并没有那么难。

你有没有在毫无准备的情况下被要求做即兴发言呢？你印象较深的一次经历是什么？

无论是在日常会议、年度会议还是在公司宴会上，领导发言都是必不可少的环节。作为公司的员工，很多人会被领导要求做即兴发言。有些人在即兴发言时表现得很好，但大多数人在毫无准备时就被要求发言，通常会不知道说些什么。在一番推辞后，不免会给人留下扭捏作态的印象，使场面十分难堪。即使勉强答应，也会表现得不知所措，讲话时支支吾吾，说得前言不搭后语。

对于不善言谈的人来说，要让他们进行即兴发言，确实有些强人所难，不过。一旦出现这种情况，百般推辞反而会驳了领导的面子,使领导感到尴尬。其实,只要套用以下方法,便能轻松化解尴尬,令你的即兴发言头头是道。

进行即兴发言,可以遵从"三步走"策略。

1. 第一步:说感谢

如果你细心观察就会发现,很多讲话者在刚开始发言时都会表达感谢,这是一种礼貌,也是赢得他人好感的一种方式。所以,当你被要求进行即兴发言时,不妨一开口就说感谢的话。比如感谢领导给这个发言的机会,感谢公司提供的良好平台,感谢同事在工作中的帮助与包容,等等。

2. 第二步:表自谦

谦虚一点总是没错的,如果你一开始就把基调定得很高,则很容易招致领导与同事的反感。因此在表达完感谢之后,你可以这样说:"对于刚刚所说的这个问题,我想得没有那么深入。我简单谈下自己的看法,有不对的地方还请大家多多包涵、指正。"

3. 第三步:说想法

接下来,你可以结合刚才正在讨论的某些话题,说一说自己的想法、感受。当然,你也可以肯定别人的说法,并在他人发言的基础上进行补充,比如:"听了刚才××同事的发言,我深受启发。

我觉得他讲得十分到位。对此,我也觉得……"

如果你的想法、建议能有让人眼前一亮的效果,自然是最好的。即使你的发言并没有什么实质性的内容,相信你这么说之后,别人也会觉得你说得很到位,从而使你的处境不再尴尬。

当然,如果在每次开会时你都有时间提前整理自己的观点,并做好万全的准备,那自然就不用打这种无准备之仗,也就不用再担心因为不知道要说什么而尴尬了。

不尴尬金句

套用"三步走"策略,让没准备的发言也能讲得头头是道。

同事小聚变吐槽大会后，这样调节气氛

> 一般来说，同事聚会聊天的主题很随意，但很多时候主题都会跑偏，变成吐槽，吐槽工作、吐槽上司、吐槽同事，这些话题难免会让在场之人感到尴尬。

在职场中，同一个公司的同事经常会组织聚餐，以联络彼此之间的感情，这本是好事，但是随着聊天话题的深入，同事们常常会不自觉地聊到职场中的不如意，进而转变为对工作状态的不满、对某个同事的吐槽，以及对自己未来的担忧。本来是一场放松心情的聚餐，结果却变成一次沉重的交谈，聚会的氛围因此变得沉重。

作为其中的一员，相信你很想转变聚餐的这种氛围，但又担心直接扭转话题会被其他同事讨厌，于是思虑再三之后只好闭口不谈。说不定，你的很多同事与你有同样的感受：既不想加入其中，说一些难听的话，又无法摆脱这种尴尬的处境。

要想调节聚餐的氛围，可以尝试以下两种方式。

1. 转移焦点

同事聚餐常常谈论工作中的事情，因为这是大家共同熟悉的话题。偶尔聊一聊工作中的困惑也未尝不可，但如果开始抱怨工作，吐槽上司或者某位同事，整个聚餐的氛围就会急转直下。所以，如果有人开始这样做了，那你不妨帮助对方将谈论的焦点转移到目前的热点话题上。比如："马上就要放假了，冬天去哪里旅游比较好呢？有什么好的地方推荐吗？"这样，大家都可以自由畅快地表达自己的观点，也不会伤害别人。

2. 说点玩笑话

如果对方正在吐槽上司小气、某位同事做事不靠谱，这时你直接转移话题就太生硬了，反而会让其他同事把你当成"外人"，说不定下次聚餐就不叫你了。所以，为了避免出现这种尴尬局面，说点玩笑话来摆脱吐槽是再好不过的。

比如，当有同事抱怨"咱们公司的领导也太小气了，每次加班连餐费都要均摊"时，你可以半开玩笑地说："听说现在情侣一起吃饭也时兴AA制了。"当有同事抱怨"××脾气也太火暴了，真不希望和他一起工作"时，你可以戏谑地说："听说明天晚上有狮子座流星雨，要不然你就对着流星许这个愿吧！"

将一些敏感话题转换成与此无关的笑谈，将愤怒、不满等消极情绪化解，转而用积极乐观的态度享受聚餐的乐趣，喝酒聊天会更尽兴畅快。

> **不尴尬金句**
>
> 别让不合时宜的愤怒与不满毁了你们的聚餐,说点轻松的玩笑话,转移吐槽的焦点,气氛就会更活跃。

与领导存在意见分歧，没错也可以先认错

> 和领导意见不一致，如果你还不想辞职，那就不要与他对着干。主动给领导一个体面的台阶下，你才能收获体面。

在工作中，每个人都要与领导打交道，有时会因为工作疏漏而被领导批评，有时会因为与领导意见不一致而产生争论。其实，被领导批评、与领导出现意见分歧在职场中是很常见的情况，但若是对这种情况处理不当，就很可能与领导之间产生隔阂，使接下来的相处变得尴尬。

从某种层面上来说，领导代表着一种权威。当你与领导存在意见分歧时，无论你是不是做错了，都表示你在挑战权威。既然如此，你更应该用正确的心态与良好的方式处理问题，不要让事情变得难以收场。

郑洁是一家公司的客户经理。一次会议上，她发现领导交给她

的一份计划书中存在成本大幅增加的问题。凭借多年的工作经验，她觉得这很可能会引起客户的不满，致使后期工作难以顺利进行。

郑洁想要向领导指出这个问题，但是她突然想到曾经的一个教训。

一年前，在之前的公司工作时，在一次会议上，她发现经理的一份文件中有不妥之处，便说："如果按照这份文件来实施，后期很难完成任务。"后来，她还说了自己的一些想法。但是经理并没有采纳她的意见。后来，结果证明她的想法是正确的。然而，在接下来的工作中，郑洁明显感觉到经理时常为难她。

这一次，郑洁并没有那么冲动，有了上一次的经验教训，郑洁开始思考自己应该怎样提出这个问题。她思来想去，对领导说："我在研究了这份计划书之后，对有些内容还不是很清楚，想让您指导一下。"

得到领导的许可，郑洁委婉地提出了自己的疑问，并提出了一些想法让领导与同事们参考。

在会议过后，领导对郑洁的工作能力给予了肯定。

郑洁假装自己无知，通过提问的方式让领导逐渐认识到工作中存在的问题，这样做既保全了领导的面子，又完善了自己的工作，不可谓不聪明。

在工作中与领导存在意见分歧时，我们也可以采用这种方法。在具体实施中，可以根据实际情况采取以下两种方式来化解尴尬。

1. 主动道歉，积极表态

如果你因为工作疏漏而被领导批评，那么你应该主动道歉。为了让这一次的致歉没有那么尴尬，也为了给领导留下好印象，你在道歉后也可以说一说对后续工作的改进和期望。

比如："这次的事情很抱歉，确实是因为我的疏漏而给公司造成了损失，谢谢您指出我的问题。不知道我还有没有其他需要改正的地方？在接下来的工作中，我会更加谨慎，也请您监督我。"

2. 主动揽错，顾全领导的面子

如果领导的考虑欠妥，切勿一开始就直接指出领导的失误，而应该用暗示的方法委婉地告诉领导，或者还可以将错误揽到自己身上，避免领导因工作失误而难堪。

比如，当领导下错指令的时候，我们可以这样说："怪我没有说清楚，害得领导下的指令难以执行，是这样的……"我们主动将责任揽到自己身上，就避免了让领导尴尬。

总之，当与领导存在意见分歧时，我们要记住，我们的目的是解决问题，不是要将领导置于尴尬的境地，让他当众出丑。因此，我们要顾全领导的面子，主动化解因为意见不统一而带来的尴尬。

📢 **不尴尬金句**

与领导意见不一致时,不要急着否定领导,指出领导的错误。主动道个歉,认个错,更利于保全领导的面子。

遇客户投诉，用"只有你"浇灭其怒火

> 在职场工作中，我们难免会因为工作失误或产品出错而遭到客户投诉，从而陷入窘迫的境地。在处理投诉时，让客户感受到我们的诚意，才能缓和人际关系。

遭遇客户投诉，这在职场工作中屡见不鲜，很多工作人员在处理客户投诉时都会与客户闹僵，搞得彼此都很难堪，甚至因为处理不当而丢失了大客户。因此，学习一些应对客户的技巧是十分必要的，这样可以减少很多尴尬的情况发生，令双方都满意。

例如，去商场买衣服，与营业员讲价，当听到对方说"只有您才能以这个价格拿到，对于别人，这个价格我们都是不卖的"时，虽然你明知道对方说的是假话，但这话你还是很受用。究其原因，是营业员说的"只有您"体现了我们的特殊性，让我们觉得自己与众不同，满足了我们内心中的那种优越感。

一般来说，大多数人都喜欢这种"非你不可"的特殊感，当

听到这样的话时，很多人都油然生出优越感，也会感受到对方的诚意，从而对对方多几分好感，也就更乐于接受对方的意见。在处理客户的投诉时，我们可以利用客户的这种心理，让他们感觉自己是最独特的那一个。

当客户怒气冲冲地向我们投诉"你们这个产品是怎么回事？只用了一天就坏了"时，如果发现确实是产品质量问题，我们应该怎样回复对方呢？

与其对客户说"我们会免费为您更换一个新的"，不如说"我们会为一直支持本公司的您免费更换一个新的"。

如果你是客户，相信你也愿意听到第二种回复吧！因为当听到这种回复时，人们会觉得自己成了特殊的那一个，感受到销售方的诚意。

除了要掌握这种"非你不可"的说话艺术，在处理客户投诉时还应注意：很多客户在投诉时都比较急躁，此时，如果我们与客户硬碰硬，那么就很可能两败俱伤，把自己置于尴尬的境地。所以，在与客户交谈时一定要冷静，不要觉得客户是在没事找事。要知道，客户投诉的目的并不是要给你找事儿，而是要解决问题。

所以，当遇到客户的投诉时，我们要对客户使用"非你不可"的社交话术。这不仅不会影响我们与客户的交往，反而还会让客户对我们多一分好感，说不定还可以建立一段良好的人际关系呢！

> **不尴尬金句**
>
> 处理客户的投诉时，多对客户说"只有您……"，让客户感受到你的诚意吧！

白德巴定理：多说无益，请少说多听

> 多说未必有用，少说未必无用。做一个倾听者，少说多听，用心倾听，同样会让对方享受与你相处的过程。

白德巴定理是由印度著名哲学家白德巴提出的，基本内容是能管住自己的舌头是最好的美德。在人际交往中，白德巴定理对我们的启示就是少说多听。

很多人都误以为成功的人际交往就是要不停地说，所以为了活跃气氛，为了不让场面因为安静而变得尴尬，他们便不停地说话，结果反而让别人觉得厌烦。究其原因，是他们不懂得倾听的艺术，没有认识到倾听在人际交往中的重要性。

倾听是对别人最好的尊敬。专心地倾听别人说话，不仅是一种美德，更能彰显出我们的修养。与善于倾听的人交往，不仅不会让人觉得尴尬，反而会让人觉得舒服。在《傲慢与偏见》一书中有这样一个场景：在一次宴会上，伊丽莎白专注地听着一位刚刚从非洲旅行回来的男士讲他在非洲的所见所闻，她几乎没有说过几句话，但是在分手的时候，那位男士却对别人说"她是一位多么善于言谈的姑娘啊"。

由此可见，善于倾听会给人留下良好的印象。但倾听并不仅仅是用耳朵听就可以，还要用心去听，思考对方的弦外之音，这样才能了解对方的意图，把话说到对方的心里去，从而收获意想不到的效果。

在与人交往的过程中，要成为一个良好的倾听者，我们要做到以下几点。

1. 搭配相应的肢体语言

在倾听他人谈话时，如果我们一言不发，面无表情、呆若木鸡地站在一旁，那么就很可能给对方留下目中无人的坏印象，甚至还会惹得对方不快，弄得场面十分难堪。

要做一名合格的倾听者，在倾听时应搭配相应的肢体语言，比如直视对方，偶尔点头示意以回应对方，配合对方的话露出对应的表情，等等。这样对方才知道你是在认真地倾听，而不仅仅是在敷衍他，才会产生继续与你交谈的兴致。

2. 偶尔反馈一些想法

倾听的目的是更好地了解对方的想法，而不是闭口不言。如果我们对对方谈论的某一点感兴趣，或者与对方的意见相左，那我们可以偶尔表达下自己的意见，给予对方一些反馈，从而让谈话更具有目的性，双方之间的交谈也更随意，而不仅仅是场面上的应和。

即使我对对方的某些观点不满，我们也不能心不在焉地倾听，否则会惹得他人不满，也会影响我们的人际关系。

在人际交往中，请不要急于表达自己，试着做一个倾听者，少说多听，就会发现场面并不会变得尴尬，别人依旧能很好地控场，而我们作为倾听者，在这次人际交往中所起到的作用依然不可忽视。

不尴尬金句

少说多听，用你的耳朵、你的表情、你的身体去认真地听。

第八章

打造社交亲和力，化身朋友圈的暖场王

朋友之间发生了一些口角，我们夹在中间要做些什么才能化解尴尬呢？与朋友相处，我们的状态应该是放松的、自然的，但是也不免会出现尴尬的情况。学会化解尴尬的局面，做个暖场达人，可以让我们的社交活动更顺利，让朋友享受与我们交往的乐趣。

小测试：你会如何处理交际难题？

在与朋友交往时，你是暖场王还是话题终结者呢？在遇到交际难题的时候，你会如何处理呢？请你完成下面这个测试，看一看自己处理交际难题的方式吧！

你的朋友穿着一件新衣服来问你的意见，你怎么看都觉得怪怪的，这时你该怎么回答他呢？

A. 为了不让他伤心，还是先称赞他

B. 只是微笑，不说什么

C. 直截了当地说出想法

D. 拐弯抹角地说出自己的想法

✅ **结果说明**

选A：以他人为重

你常常站在他人的角度考虑问题，你不喜欢和他人当面起冲突，觉得那样会搞得很难堪，伤了和气，影响你与他人之间的关系。你这么做确实给大部分人都留下了很好相处的好印象，但顾虑太多也让你很难说出内心的真正想法,无法与人深入地交往。

选B:默默不语

你虽然不表示赞同,不想伤和气,却也不想说出违心的话,于是干脆笑而不答。这样的你会给人留下高深莫测的印象,反而会让人胡思乱想。这使你和他人交往比较困难。建议你多一点婉转,多一点坦率,迈出了这一步,你会给人留下诚恳的印象,也有助于你构建良好的人际关系。

选C:直截了当

你非常容易得罪人。在与人交往的过程中,坦率地说实话当然是好的,但是完全不顾及他人的心情却会惹人不快。虽然你不太介意他人的直言,但这并不代表别人可以接受。你要知道,在人际交往的过程中,婉转说话不是虚伪,而是和谐的基础。

选D:技巧婉转

你是一个很适合做公关的人。你总是能冷静、理智、客观地分析问题,既能够让对方听进去你说的话,又能让对方觉得你很中肯,不虚情假意。你会拥有很好的人际关系。

聚会没话聊，用黄金话题打破僵局

> 人多的时候叽叽喳喳说个不停，两个人相处时面面相觑，无言以对。有两个黄金话题可以帮助你打破这种尴尬的局面，消除尴尬的感觉。

很多人都有这样的体会：在一次朋友聚会中，人多的时候聊得很起劲，场面很热闹，每个人都觉得很放松。但是当大家一个个走开，只剩下你与另一个人的时候，这场交谈似乎就无法继续，你不知道要与对方说些什么。两个人面面相觑，很尴尬。

其实，在朋友聚会的场合，有两个黄金话题可以帮助你活跃气氛。

1. "你听说××了吗？"

如果你与对方是高中同学、大学同学或者同事，那么你们可以引入第三方元素，借助双方都熟悉的第三者作为话题，从而顺利地打开对方的话匣子，化尴尬为融洽。

比如，你可以说："你知道吗？咱们的大学同学××创业了，成立了一家工作室，做得还不错呢！""你听说了吗？××与××结婚了，真是太让人吃惊了，没想到他们俩走到一起了。"

当你这样说了之后，对方便会接过话茬，谈一谈对你提到的那些人的印象。如果顺利，那你们的话题会越聊越广，从聊他人过渡到聊自己，氛围自然变得融洽。

在运用"第三者法则"时要注意，不要说第三个人的坏话。你可以聊他人经历的趣事、糗事，也可以夸奖他人的事业与成就，但不要刻意地说他人的坏话，这是缺乏教养的行为。而且，你说的话很有可能被添油加醋地传播出去，影响他人的形象。

2. "刚才聊得挺高兴的，你想要……"

如果你与对方的交集并不多，也没有什么共同的朋友，那就无法运用"第三者法则"。此时，你可以用"刚才聊得挺高兴的，你想要……"这样的话来婉转地过渡一下，让当前的沉默不显得那么尴尬。

当一起聊天的人数从五六个减少到两个时，聊天的节奏也要放缓，你不能期待两个人聊天也产生哄堂大笑的效果。但由于之前气氛热烈，如果场面突然安静，就会让人觉得很不自在，感到尴尬。此时，你不妨先静下心来，表达一下自己的感受："刚才聊得挺高兴的，你想要喝杯水吗？"如果对方足够识趣，就会积极地与你搭话，这样场面就不会那么尴尬了。

在聚会间隙,如果只剩下两个人时,一定不要默默地玩手机。这会让对方觉得"你不想与我交流",传达给对方一种"待在这里很无聊"的感觉。

在聚会场合,如果只剩下你与另一个朋友,就根据具体情况来运用这两个黄金话题吧!相信你一定能够打破沉默,化解尴尬。

📢 **不尴尬金句**

> 在聚会场合,如果只剩下两个人时,不妨用"你听说××了吗"和"刚才聊得挺高兴的,你想要……"这两个话题来打破冷场。

对方习惯说丧气话，顺着他说才有用

> 朋友习惯说丧气话，不要急着给朋友找自信。不妨顺着对方的话头说，使朋友主动闭嘴。

"像我这样的人，做什么都做不成……"

"我看就是对方在故意挑刺，就算我们好好改，对方也不会满意的，还是放弃吧！"

"我觉得我肯定考不上……"

你身边有没有这样的朋友呢？他们很善良，也是很好的朋友，但总是说丧气话，无论你如何安慰，他们都不会改变想法。其实，很多人说这些消极的话只是由于说话习惯，并不是真的要让你给出建议，也不是真的对自己缺乏自信。

但是，如果你们的谈话氛围一直是朋友在抱怨，说消极的话，那么交际过程中很可能会尴尬，甚至你的心情和想法也会受到朋友的负面影响。所以，你一定要冷静地对待朋友说丧气话的行为。如果他只是习惯了这样做，那你就搪塞几句，没必要非得改变对方的想法，况且你的几句话也难以改变他人的习惯。

所以，如果朋友再对你说丧气话，你就采用以下方法来回应他吧！

1."你就是这样的人啊！"

"我胆子太小了，要自己创业肯定是不行的，所以我从来不敢尝试。"当朋友再这样对你说时，你就回应他："你就是这样的人啊，做事很谨慎。"

如果对方还是纠结于那个问题，你还可以继续安慰对方："我觉得你很厉害呀！""你不用妄自菲薄！"

但要注意，如果你想要早一点结束这个话题，请记住，说话的语气一定要冷淡，以免对方说上瘾，一直强调"不是的，不是的，我……"。

2."那又有什么关系呢？"

如果你的朋友还是继续说一些消极的话，比如"减肥太难了，我做不到""这次考试太难了，我肯定考不上，就算报名也是白白浪费钱"，那你不妨冷静地对他说："减肥不成功又有什么关系呢？""考不上又有什么关系呢？"

如果他足够识趣，那么在你说完这些话后，他就会察觉到这样说并没有什么用，对自己要做的事情并没有什么帮助，从而主动改变话题。

当对方一直说丧气话时，你不要着急鼓励、安慰对方，也不要急着给对方提出建议，只要偶尔平淡地回应几句，你们的交谈氛围就会回归正轨，不那么尴尬。

当然，如果朋友突然遭遇了一些沉重的打击与挫折，那你就需要好好安慰他了。此时，你们交往的关键目的就是增强对方的自信心，那么说一些夸奖朋友的话，让原本积极乐观的朋友走出失败的阴霾，才是当务之急。

不尴尬金句

朋友习惯说丧气话，你就顺着对方的话来说吧！

三句话不离自己,试试"移花接木"

> 有一种人,不管别人在聊什么,他们都能扯到自己身上或自己感兴趣的话题上,对于这种人,我们不妨试试"移花接木"这一招。

在美剧《生活大爆炸》第五季中,霍华德在登上国际空间站,成为宇航员之后,每当与朋友聊天时总会提到自己在太空的经历,炫耀自己宇航员的身份,这种做法让他的朋友都很不耐烦,最后导致没有人愿意与他聊天。

相信很多人也都遇见过这样的朋友,有过类似的经历。当朋友偶尔说一说自己的成就时,我们都会真诚地表示羡慕、赞赏,但是如果朋友总是三句话不离自己,我们就会觉得很无奈,想要转换话题,又担心伤了朋友的自尊心,于是只好陪着"尬笑"、"尬聊"。其实,转换话题并没有那么难,不妨用用"移花接木"这一招。

所谓"移花接木",就是先顺着对方的话茬说,然后转换话题。我们可以抓住对方说的一个字、一句话或者一个观点，然后加以重复或者用自己的想法来重新解释，再将话题说到其他事情上，达到顺利地转换话题而又不强硬的目的，让对方感觉不到我们其实是在刻意转换话题，从而让氛围依旧融洽而不尴尬。

请你看下面几个例子，学一学"移花接木"这一招吧！

一个朋友总是时不时地炫耀家里的装修："果然一分钱一分货！我是找的知名装修公司来设计的，花了大价钱，装修出来的就是不一样。"

当朋友这样说时，你可以移花接木："当然当然，你们房子装修得真好。对了，你前段时间一直忙着装修的事情，都没有时间出去玩，今天我们好好放松一下吧！你说是去吃大餐还是去看电影呢？"

有朋友在网上看到一个大学生边打工赚钱边上学的故事，于是和大家开始讨论："这个大学生真是厉害，现在这种吃苦耐劳的学生很少见了，确实是个好榜样。"

"那有什么呀！我上大学那会儿，比现在的条件差多了，现在的孩子就是没吃过苦！话说我当年……"一位朋友又扯到了自己身上。

朋友们面面相觑，场面十分尴尬，但那位朋友毫不自知，还是自顾自地说着。

此时，你可以打破这种尴尬："是啊，现在生活水平提高了，跟我们当年都不一样了。吃的东西太多了，我前两天称体重，发现自己又胖了好几斤呢！看来确实得关注一下健身和减肥了。"

短短的几句话就把对方的话头接过来了，既没有驳对方的面子，又让聊天回归到正常状态。由此可见，"移花接木"的本质就是"先顺再转"，即先顺着对方的话头说下去，再过渡到我们想要表达的内容，使交谈转移到其他话题上。如果有机会，你就来试试这一招吧！相信在几次之后，你就会运用得炉火纯青。

当然，如果你对朋友谈论的话题很感兴趣，那就不用想方设法转换话题了。

另外，我们还应注意，不要成为别人眼中那个"三句话不离自己"的人。如果你不小心成了这样的人，当你的朋友用"移花接木"这一招来对付你时，你就感谢他吧！感谢他既顾全了你的面子，又帮助你化解了尴尬，让场面没有那么难堪。

不尴尬金句

要转换话题，就先顺着对方的话头说下去，然后再自然过渡，转移到其他话题上。

见到久违的老朋友，遥想当年让气氛升温

> 和老朋友见面有时候并不像我们想象中那么美好，反而还可能以尴尬、无话可说收场。与老朋友一起追忆似水年华，不失为打破尴尬的一种方法。

与以前的好朋友很久没见，终于有机会相约见面，却发现形同陌路，双方并没有什么共同话题，不再像以前一样畅所欲言，这种感觉会令人很尴尬。而且，原本的美好记忆也都瞬间被打破。

为了让气氛不再那么尴尬，我们会努力地找些话题，开着一些活跃气氛的玩笑，但这些举动往往只会让双方都感觉更加不自在。大家除了尴尬，甚至还会觉得很难受。

其实，与很久没见的老朋友见面，由于彼此之间近期的联系不紧密，对对方的现状并不是很了解，存在隔阂是难免的。要快速地打破隔阂，不妨与对方一起畅想曾经，提一提当年一起犯过的错、出过的糗。比如：

"虽然很多年没见了,但想起咱们一起做过的事,好像昨天发生的一样。我印象最深的就是咱们一起给邻居家的车胎放气,你说当时咱们怎么就那么淘气呢?"

"你还记得咱们高中时的班花吗?当时咱俩为了她还吵得不可开交,差点绝交了呢,哈哈……"

相信在你展开了这样的话题后,对方与你也会有话可聊,这样就能慢慢地拉近你们之间的距离。当你们重新熟络之后,聊天气氛自然就会变得很热烈。此时,你可以询问朋友的近况,与对方轻松而自然地交谈。

当然,你也可以与对方聊一聊对方在你心中的印象,当你敞开心扉后,相信对方也会向你敞开心扉,你们之间的交往就不会那么尴尬了。

当你见到久违的老朋友突然感到陌生,无话可说时,不妨与他一起追忆你们的曾经,谈一谈"当年勇",用回忆消除你们之间的隔阂,拉近心与心之间的距离。

不尴尬金句

如果多年未见感觉变得陌生,就让回忆来"加热"气氛吧!

朋友之间发生冲突，你来打个圆场

> 朋友之间闹矛盾，谁对谁错并没有那么重要，此时我们的关注点应该放在缓和气氛上，以免越来越尴尬。

本来一次开开心心的聚餐，结果有两个朋友因为一点小事而互相赌气，谁也不理谁，你坐在两个人中间，尴尬得不知该如何是好；本来是一次高兴的外出旅游，结果路上有两个朋友发生了一些摩擦，游玩的兴致全没了，你还要面对两个生气的好朋友，唯恐说错哪句话惹得他们不快……

相信很多人都遇到过这样的情况，朋友之间发生了矛盾冲突，你不知道该如何化解，只能尴尬地看着双方僵持不下。

其实，两个朋友之间发生矛盾与冲突是十分正常的。如果你在其中充当润滑剂，就能很快地化解这种尴尬的场面，最终大家该吃吃、该玩玩，开心尽兴。

当两个好朋友闹矛盾时，作为局中的第三者，你可以采取以下策略缓和两人的关系。

1. 主动道歉

朋友之间闹矛盾，且先不论到底是谁对谁错，你可以先认个错，既不丢面子，又可以缓和朋友间的矛盾，也不至于使自己夹在双方之间战战兢兢，唯恐惹得其中一方不快。

作为没有错的第三方，如果你主动揽责，负荆请罪，向朋友道歉，他们就不好意思直接驳你的面子了，这场"战争"很快便能化解，也就不会愈演愈烈了。

比如，当两个人因为吃肯德基还是吃麦当劳争论不休、僵持不下时，你可以这样说："好了好了，这件事是我的错，我就不该提议吃快餐。既然你们争不出个结果，那就听我的，咱们去吃火锅吧！"你给了双方台阶下，他们就不会继续让你难堪。

2. 转移话题

很多时候，双方争论不休往往不是对对方的看法有意见，而是好胜心理和较劲心理在作祟。所以，当两个朋友固执己见，为了某个问题争得面红耳赤时，你作为第三方，想要辨对错是很难的。最重要的是，你这样做会得罪其中的一方。此时，化解尴尬局面的最好办法便是转移话题，让这个没有结论的话题赶快终止。

比如，当双方各不相让时，你可以适时地插一句"要把这个问题说明白，我看比母猪上树还难"，或者"你们又不是在辩论场上，难不成还想拿个最佳辩手吗"。只要让双方的情绪平复下来，气氛自然就会得到缓和，你的尴尬也就自然而然地消除了。

当朋友之间出现一些小矛盾、小摩擦时，作为夹在其中的第三方，你还是赶快想个办法来圆场吧！或者主动认错，或者活跃气氛，转移话题，只要你用心化解尴尬，相信朋友们会领你的这份情。

◀ 不尴尬金句

朋友之间闹矛盾，你不妨主动负荆请罪，化解僵局。

互惠关系定律：帮助别人就是帮助自己

> 在人际交往中，付出是有回报的。你对他人释放善意，就会收获他人的善意。如果你一味索取，那么显然，朋友们会一个个离你而去。

在玩跷跷板时，两个人分别坐在跷跷板的两端，一方用力往下压，另一方就会翘起来，只有玩游戏的双方轮流用力往下压时，这个游戏才有趣，才能继续进行下去。如果其中一方很自私，不肯用力往下压，那双方就很难享受到游戏的乐趣。

在人际交往中也是如此，只有双方互相帮助，每一方都既有付出，也有收获，才能建立起稳定而健康的人际关系，这也就是心理学中的互惠关系定律的主要内容。

美国著名文学家爱默生曾说："人生美丽的补偿之一就是人们真诚地帮助别人之后，同时也帮助了自己。"

"赠人玫瑰，手留余香。"在与人交往的过程中，我们应该主动帮助朋友：当朋友陷入尴尬的境地时，我们要主动帮他们解围；当朋友伤心难过时，我们应该安慰朋友，带他们走出阴影。伸出你的手去帮助朋友，而不是伸出你的脚去绊倒他们，这样，当你遇到困难、陷入某些危机时，朋友们才会主动帮助你渡过难关。

很多朋友都听过下面这个故事。

一个小男孩对着山谷大喊："我讨厌你，我讨厌你！"山谷传来了回声："我讨厌你，我讨厌你！"小男孩听后难过极了。

母亲看到后，让小男孩冲着山谷大喊"我喜欢你"，于是小男孩便冲着山谷大喊："我喜欢你，我想和你做朋友。"此时，山谷也传来了"我喜欢你……"的回声。

其实，人际交往也像是一种回声，你对我友善，愿意帮助我，我对你也友善。正如英国哲学家培根所说的，"你希望别人如何对待你，就先如何去对待别人"。只有你真诚地对待他人，真诚地帮助他人，他人才会以同样的方式对待你，这是互惠关系定律给我们的启示。

如果一个人不肯付出，只想坐享其成，那么用不了多久，朋友便会远离他。在当代社会中，我们不可能脱离社会而独自存在，只有互相帮助，建立互惠的人际关系，才能真正实现双赢。

所以，不要吝惜你的付出。释放你的善意，帮助朋友们摆脱尴尬，那么当你陷入窘境时，朋友就会对你伸出援手，释放善意，帮助你走出尴尬的境地。

> **不尴尬金句**
>
> 帮助他人就是帮助自己,对他人释放善意,你也会收获善意。

第九章

修炼"恋爱心法",浪漫约会不再尴尬

初次约会太紧张,以致状况不断,如何才能化解尴尬,给对方留下一个好印象呢?临时加班,要取消约会,怎么说才不伤感情呢?情侣吵架时,说点什么才能缓和矛盾呢?……与异性相处,需要更多的情商与智慧,学点尴尬化解法,让你与异性交往时多一分聪慧,多一点勇气,用你的智慧与勇气赢得对方的心。

小测试：你的恋爱弱点是什么？

一个简单的选择，就能透露出一个人内心的真实想法。在与恋人相处的过程中，我们的应急能力十分重要。问题处理得好，双方都不会尴尬，感情还会升温。想知道你在恋爱中的弱点是什么吗？那就来做一做下面这个简单的应急小测试吧！

在咖啡店里，你和恋人一起喝咖啡，邻桌的咖啡杯突然落下，咖啡洒到了恋人的衣服上。这时你会有何反应？

A. 边询问"亲爱的，你没事儿吧"，边亲自用纸巾为恋人擦衣服。

B. 把纸巾递给恋人，并说："来，擦擦吧。"

C. 责怪恋人说："我刚才不是说要坐在其他地方吗？"

D. 向邻桌要洗衣费。

✅ **结果说明**

选A：你的问题在于过于关心对方

在恋爱初期，你的关心会让对方心生好感，但对方渐渐地会觉得你很没主见，很可能对你产生反感。

选B：你的问题在于让对方觉得有距离感

即使你真心地关心对方，也可能会让恋人怀疑你是否真的喜欢他（她）。

选C：你的问题在于过于轻视对方

虽然你心里是爱着对方的，但你经常嘲讽对方，会伤害对方的感情。建议你在恋爱中不要吝啬赞美对方。

选D：你的问题在于无视对方

你属于无视他人的面子，只按自己的情绪行动的那类人。如果你继续坚持自己的那一套，一定会让恋人感觉很有负担。所以，建议你试着稍稍压制一下自己的情绪，多关注一下对方的想法。

初次约会意外不断,把你的尴尬说出来

> 对于初次约会,我们担心会出现尴尬的局面,这种担心使我们出现更多的意外。把你的尴尬说出来,反而会起到化解尴尬的作用。

对于初次约会,很多人都十分看重,觉得这关系到两个人接下来的交往,于是为了能表现好,给对方留下良好的印象,大多数人都会有很大的心理压力,变得很紧张。紧张就像是蝴蝶扇动了一下翅膀,会引起更多的连锁反应,比如说话结巴、手指哆嗦、喝水呛住、把水洒到对方身上等,使得场面异常尴尬。

其实,对于初次约会,不只你会感到紧张、尴尬,对方也会有这种感觉。因为对对方并不是很了解,所以第一次约会常常会出现冷场的情况,使场面十分难堪。如果你可以将自己的紧张情绪讲出来,将这些意外作为聊天的话题,说不定反而会令对方感到轻松,让双方都不那么尴尬。

第九章 修炼"恋爱心法",浪漫约会不再尴尬

有一个小伙子已经27岁了,长得很好,但是一直没有谈恋爱。父母很着急,便为他安排了一场相亲。

约见的地点在一家咖啡厅。小伙子早早地到了咖啡厅,当他看到那位女孩走到自己面前时,不由得紧张起来,手也开始抖个不停。他想要喝口水缓解紧张的情绪,没想到手刚碰到水杯,水杯就从桌子边沿掉了下去,顿时杯子摔碎了,水也洒了一地。

等到服务员收拾完毕,小伙子终于有机会跟姑娘打招呼。他满脸歉意地说:"真对不起,也不知怎么了,一看到你,我就莫名地紧张,连杯子都拿不住了,刚才没有吓到你吧?"一说完这话,他的手反而不抖了,紧张的心情也平复了许多。

姑娘冲他笑了笑,他们都不再那么局促不安了。

小伙子将紧张、尴尬的感受说出来,而不是继续掩饰这种状况,他的话反而成了对女孩最好的恭维。而且,说出尴尬的行为也是在释放压力,因而是化解尴尬的有效方式。

有心理医生做过试验,试验结果表明患者在完全地宣泄自己的情感之前,无法得到深度的放松,只有当某种情感得到了充分的表达与释放后,尴尬的感觉才会烟消云散。

其实,把尴尬说出来,相当于起到了减压的作用。所以,如果你在与异性约会时也感到紧张、尴尬,不妨适度地袒露内心的感受,将自己的尴尬说出来,既帮助自己减压,也让对方卸下防御。当你以较为轻松、自然的状态与对方相处时,场面自然也就不会那

么尴尬了。

当然，为了让初次约会顺利进行，不会出现冷场的局面，你还需要提前准备好一些话题，比如旅游、美食、兴趣爱好、目前的工作情况等。

如果可以，在见面之前打电话或者语音聊天等都是不错的预热方式，可以熟悉对方的声音，使你们在见面时不会因为觉得太陌生而产生疏离感，从而减少尴尬。

> **不尴尬金句**
>
> 初次约会状况不断，把你的尴尬说出来就没那么尴尬了。

与异性没话聊,以请教的姿态创造话题

> 很多人觉得与异性没话聊,虽然脑中话题无数,可一张嘴就变成话题终结者。要想找到话题,不妨放低自己的姿态,以请教的态度聊一聊对方的兴趣爱好,这会让相处更融洽。

很多人都发现自己与同性朋友有说有笑,话题不断,但是一碰到异性朋友,就不知道该聊些什么。尤其是在单独与异性相处时,虽然脑中冒出无数个话题,但都被自己一一否定了,结果就是双方对视,尴尬一笑,无话可说,场面说不出的冷。

确实,由于男性与女性的性格差异,男女的兴趣爱好也是有很大区别的。你若是对异性的兴趣爱好报以"没兴趣""不想听""不想聊""不知道"的态度,那就很可能错失了解对方的机会,也就找不到化解尴尬、摆脱冷场的方法。

如果你不了解对方感兴趣的内容,不妨积极地向对方请教,你会发现对方的世界并没有那么难懂。

比如，如果你发现对方对插花很感兴趣，而你对此一窍不通，你就可以请教对方："插花有什么简单又实用的小技巧吗？我也学习一两招，提高自己的审美能力。"

相信在你说了这样的话之后，对方会很高兴地向你介绍自己的兴趣、经验等，然后你们就可以你一句我一句地聊起来了。

当然，如果你与异性约见的地点是餐厅，那么在大多数情况下聊吃的是最好的选择，因为这个话题谁都不陌生，都能说几句，也不会觉得被冒犯。而且，不论是什么话题，都可以转到吃食上。

比如："你是青岛的啊？那你应该经常吃大虾吧？说实话，我还没吃过青岛大虾呢！""我曾经去海南旅游，在当地吃了不少椰子，都是自己动手砸开的，那种感觉还真是不错呢！""看来你是比较能吃辣的，麻辣小龙虾和重庆辣火锅，下次你想吃哪种？"

你看，有很多事都能跟吃的扯上关系。所以，如果地点合适，那你就从吃食入手吧！不过也要注意，如果你们正在看电影，或者一起看篮球赛、演唱会，那么这些关于吃的话题还是留在你的肚子里吧！

📢 **不尴尬金句**

与异性没有共同话题，那就多学习、多提问，了解对方的兴趣爱好吧！

"我请客,你掏钱"的尴尬化解法

> 请客发现自己没带钱,这种场面真是要多尴尬就有多尴尬。遇到这种情况别慌张,尽快找个外援来帮自己解围,实在不行就让对方买单吧!

相信很多人都有这样的经历:请人吃饭、请人唱歌、请人旅游,结果到了地方才发现自己没带钱包或者没带够钱,结果陷入进退两难的尴尬境地,甚至被人误会自己想成为"霸王"。

如果是跟朋友一起去的还好,但如果是跟初次见面的约会对象在一起时发生这样的事,处理不好就很容易使这次约会泡汤,甚至给对方留下糟糕的印象。

吴天约了心仪的女孩小米去一家高档餐厅吃饭。

在约会前,吴天精心地挑选服装、领带,提前一个小时就到了约会地点。他一边等一边在心中制订约会计划:吃完饭可以再去看个电影,看完电影再送小米回家。

吴天拿出手机打算查一查附近的影院都有什么电影正在上映,这才发现自己忘记带钱包了。如果现在回去拿肯定来不及了,让女士等自己也太不礼貌了。此时,吴天想到可以用手机支付,为了保险起见,他询问店员是否可以用手机支付,但是很不巧,这家店只支持现金和银行卡两种支付方式。

无奈之下,吴天只好给朋友打电话,让朋友给送些钱来。电话刚打完,小米的身影就出现在了餐厅门口。

俩人用餐快到一半时,吴天接到了朋友的电话,便找了个借口离开座位,从朋友手中接过钱后,吴天悬着的心才算真正地放了下来。

接下来,俩人聊得十分投机。小米本以为吴天是呆板、无趣的人,可是经过一番相处,她才发现吴天十分幽默风趣,他们相处的氛围十分融洽。

请客发现没带钱,先不要慌张,想一想这个问题怎么解决,怎么向对方解释才能让他谅解。吴天很幸运,有一个乐于助人的朋友,因而顺利地化解了尴尬局面。

当我们面对这种情况时,可以从以下两个方面来考虑。

1. 寻找外援,联系家人或朋友

如果你请客忘带钱包,所在的地点离家并不是很远,或者有朋友住在这附近,就可以打电话让朋友把钱送过来,然后借口去卫生间或者接电话和朋友见面拿钱。如果可以用手机支付而你发现余额不足时，也可以联系家人或朋友给你转钱。

2. 请对方付钱，并表示下一次请客

如果你此时恰好手机关机、没带钱包，除了借用饭店的电话联系家人或朋友外，还可以让对方付钱，并说明理由。比如："不好意思，我忘带钱包了，手机也正好没电关机了。这次你来付钱，下次再让我请客以示赔罪吧！"

对方可能会对你有些意见，但这总比吃霸王餐好吧。而且，你还有了再次约见对方的理由。所以，不管你是否忘记带钱，都好好表现吧，争取让对方不会在下一次约会时放你鸽子。

当然，要避免尴尬最好的办法还是做好准备工作，比如在出门前检查钱包是否带好、现金是否带够、手机电量是否充足等。只要你准备全面，就可以避免出现"我请客，你掏钱"的尴尬场面，也不至于给人留下"小气鬼"印象。

> **不尴尬金句**
>
> 请客发现没带钱，如果家人或朋友可以帮忙，那就赶快寻求外援吧。如果无法联系到他们，就只能让对方买单了。

化妆变花妆，约会晕妆太尴尬

> 化了一个小时的妆，一出汗就花了，约会出丑，形象全毁，整个人毫无魅力可言，不仅你会尴尬，对方也会尴尬。

每个人都希望给他人留下美好的印象，尤其是女士。在约会出门前，很多女士都会精心打扮一番，但有时候天不遂人愿：辛辛苦苦化好的妆，一场大雨会把妆容精致的脸浇成花猫脸，炎炎的日头会把迷人的大眼睛折腾成熊猫眼。原本是漂漂亮亮、高高兴兴出门去，可是晕了的妆容让面部不忍直视，导致约会双方尴尬不已，结果约会的兴致全无，只能草草收场。

约会晕妆并不是什么大事，但是在异性面前晕妆太丢脸了，而且还会让对方为难，因为对方说也不是，不说也不是。

赵甜与男朋友相约一起出去玩，烈日炎炎，赵甜知道自己会出汗，可能会晕妆，但她还是抑制不住那颗爱美的心。在纠结一番后,赵甜还是化了浓妆。

打扮完毕后,赵甜踩着高跟鞋,戴着太阳镜,打着防晒伞出发了。在见到男朋友时,男朋友夸奖了赵甜一番,令赵甜十分开心。

由于天气太热了,他们决定去冷饮吧歇息一下。进入门店之后,赵甜感到一股舒服的凉意袭来,便摘下了太阳镜,准备点一些饮品。此时,她看到男朋友的神态有些不自然,但男朋友并没有说什么,她也就没往心里去。

等他们点好饮品坐下后,赵甜明显地感觉店里的人都对他们指指点点的,还一边看她一边笑。她很疑惑,便掏出了随身携带的小镜子照起来,这一看把她自己都吓了一跳。由于出汗,她脸上的妆都花了,尤其是眼睛,都像大熊猫的眼睛了。

赵甜又羞又气,连连责怪男友没有提醒自己,害自己出了丑,男友也生了一肚子闷气。结果,一场原本甜蜜的约会以争吵收场。

其实,约会晕妆并不是什么大事,抑制住内心那种羞愧、丢脸的感受,及时地补救,你就可以轻松地化解这种尴尬。当你发现自己晕妆时,可以采取以下方式来补救。

1. 补妆

如果你随身携带了一些化妆物品,那么可以在晕妆时及时补妆。这样你既保持了美丽,又不会丢面子。

但要注意，补妆时最好去卫生间，不要当着异性的面补妆。

2. 卸妆

如果晕妆很严重，而你又没办法及时补妆，那就去卫生间卸妆吧。要相信，素颜总比晕妆要美。

不论采取哪种方式，请你注意，不要一味地埋怨，即使对方发现了你的丑态，只要你淡定地应对，这场风波很快就会过去。你们下次提起时只会当成一次笑谈，而不会成为不知何时就被点燃的引线。

除了约会晕妆，头上有头皮屑、口红沾到牙齿上、牙齿上有菜叶等都会让约会双方感到尴尬。所以，为了避免出现这样的尴尬瞬间，在约会出门前、吃完饭后等，我们还是多照一照镜子吧，争取给对方留下美好的印象。

> **不尴尬金句**
>
> 随时关注自己的妆容，别让花脸吓到对方。

情侣吵架，说点"土味"情话

> "不管黑猫白猫，能抓住老鼠的就是好猫。"同样，不管情话土不土，能化解尴尬的就是好话。

情侣吵架是很常见的事情，还有人说"小吵怡情"，但若两个人吵得不可开交，互不理睬，甚至开始冷战，既伤人心，也伤感情。

很多情侣吵架的原因并不是什么大事，对方做了自己看不惯的事情，说了自己不喜欢听的话，或者在某件小事上存在分歧，都可能引发争吵、矛盾，甚至闹着闹着就会真的生气了。如果此时双方都不认输、不认错，那么气氛就会一直僵持着，双方都会觉得不自在。虽然两个人心中都觉得这并不是什么大事，但是都无法拉下脸来先向对方开口认错。

面对这种情况，说一点"土味"情话可以很好地缓和尴尬的气氛。"土味"情话虽然有时听起来给人奇怪的感觉，但是更平易近人，也更能让人接受，出乎意料的喜剧效果使"土味"情话在化解情侣间的矛盾方面比那些"高端,大气,上档次"的情话更有优势。

让我们一起来看看以下几个场景。

(1)俩人因为一点小矛盾谁也不理谁,双方僵持不下。
此时,一方略带愤怒地说:"你为什么要害我?"
另一方疑惑地回应:"我怎么害你了呀?"
"害我那么喜欢你!"
双方扑哧一笑,瞬间冰释前嫌。

(2)俩人争吵不休,一人突然停下来,表情略带严肃地说:"我就想问问你,你累不累?"
"不累。"对方生气地回复。
"可是你在我心里都跑了一天了啊!"
俩人相视而笑,不再争论。

(3)俩人因为是否要出去玩而发生争执,一人说:"你怎么这么宅啊?"
"没有啊。"
"就有。你在我心里都没动过。"

当你听到这些话时,有什么样的感受呢?相信大多数人都会哈哈一笑。如果此时你在生对方的气,在听到这些"土味"情话时肯定会瞬间泄气了吧!

说"土味"情话的初衷是为了让听到的人开心,正如何炅说的,"有时候语言不是拿来深究的,语言就是在那一刻产生的化学反应。让对方开心,它就完成了它的使命"。如果这样做可以消除对方的怒气,化解双方产生矛盾时的尴尬,那么说一说"土味"情话又何妨呢!

如果你不会说甜言蜜语,不好意思说肉麻的情话,那就对对方说一些"土味"情话吧,会让对方很受用。即使是在平时,你偶尔说出一两句"土味"情话,另一半也会感觉甜蜜的。所以,赶紧学点"土味"情话吧!

> **不尴尬金句**
>
> 与另一半吵架,谁也不理谁,说点"土味"情话来打破僵局吧!

取消约会,别忘了"你最重要"的原则

> 突然有事要取消约会,怎么跟女朋友说?实话实说虽然没错,但是会让对方不高兴。答案很简单,让她知道她最重要就好了。

约会当天,突然接到了领导通知加班的电话,你不得不取消约会,此时,你会怎么告诉对方呢?

你说:"对不起,我刚接到通知,今天要去公司加班。今天的约会取消吧!"如果你这样对女朋友解释,虽然你说的都是事实,但这种说辞毫无疑问会让对方觉得失望,甚至会让对方产生"男朋友并不重视我,觉得工作比我还重要"的想法,进而伤心难过。

这样一来,你们之间发生嫌隙是难免的了。或者争吵,或者冷战,无论是哪种形式,都会影响你们之间的感情,为你们接下来的相处带来障碍。只要换一套说辞,你就可以避免这些尴尬的局面。

当你要爽约时,你可以采取以下说辞安抚对方。

1. "我有工作要做,但我更想见你。"

不论你是要取消约会还是要推迟约会,将你对对方的爱意表达出来总是没错的。你要对对方说:"对不起,我突然有紧急的工作要处理,但是我更想见你。我们改个时间怎么样?"

你这样一说,对方就会知道你很看重她,虽然这一次的约会推迟了,但是这并不影响你们之间的关系,反而还会随着时间的延长,使你们的思念之情更深,促进感情的发展。

其实,恋爱中的人最在乎自己在对方心中的地位。如果你告诉对方她在你心里很重要,那么对方就不会再那么无理取闹了。

2. "你在我心里是最重要的。"

如果对方仍然纠缠不休,问你"工作和我,到底哪个更重要",或者在你们下次约会时问你这个问题,你会怎么回答呢?

如果你避而不答,或者回答"不工作不行啊""我也不是因为喜欢才工作的",那么毫无疑问会惹得对方发火。你不妨这样对女朋友说:"对不起,我工作太忙了,之前没有陪你。你在我心里是最重要的……"接下来,你再说一些甜言蜜语,相信女朋友自然就不会生你的气了,反而还会反省自己是不是又无理取闹了。

向对方解释自己的失约时,不要只顾着陈述事实,也要注意揣摩对方的心理,多说一些甜言蜜语,让对方感到自己被重视。这样就能避免在你爽约时,对方产生某些不好的想法,影响你们的感情。

不尴尬金句

要放对方鸽子,不要只顾着道歉,说点甜言蜜语来消除对方心中的隔阂吧!

相悦定律：喜欢是一个相互的过程

> 当别人对我们美言相向时，我们不禁会对别人产生好感，这便是心理学中的相悦定律。简单地说，要让你喜欢的人也喜欢你，那就要让他知道你喜欢他。

相悦定律指的是人与人在情感上的融洽与相互喜欢，可以使人际间的相互吸引更强烈，即喜欢会引起喜欢。换句话说，你是否喜欢一个人，在很大程度上取决于这一个人是否喜欢你。

心理学家做过一个实验，用以证明人们在美言面前的反应。

心理学家将被试者分为三个小组，并让他们分别听到有求于他们的人对他们的评价。

其中，第一个小组的人听到的全都是赞美之词，第二个小组的人听到的全都是负面的评论，第三个小组的人听到的是两方面的评论，既有赞美之词，也有负面评价。

实验结果表明，尽管被试者完全清楚对方需要自己提供帮助，因此正面的评论并不一定都符合实际情况，但他们仍然喜欢那些称赞他们的人。

这个实验也说明，好听的话确实能给人带来愉悦的心情。不论一个人的奉承是否合乎事实，都能引起对方的好感。

在人际交往中，我们都希望能博得对方的好感，希望对方以一种友好的态度来对待我们。运用相悦定律，对我们有很大的帮助。

试想一下，当对方对你笑脸相迎，热情地与你打招呼时，你还会冷脸相对吗？如果我们想要获得对方的好感，不妨从自己的行为开始改善，用友善的态度对待他人，不要轻易地指责他人，相信在相悦定律的驱使下，他人也会逐渐对我们产生好感。

但是，我们在与人交往时也要注意，不要陷入相悦定律的陷阱中，不要只和对自己说好话的人交往，以免失去理性。在那些我们不太喜欢的人之中，往往也有很多良师益友，请怀着一颗真诚的心与他人交往，不要刻意迎合他人，这样才会收获真正的友谊。

📢 不尴尬金句

喜欢会引起喜欢，若想获得别人的好感，你不妨先对他人释放自己的好感。

第十章

与家人相处要以柔克刚,有话好好说才不难堪

丈夫不干家务活,怎么做才能让他勤快起来呢?为一些家庭琐事闹矛盾,怎么办才能打破各不相让的尴尬局面呢?……与家人相处不免会闹矛盾,出现争执。而在面对这些略显尴尬的局面时,只有学会化解尴尬,活跃气氛,才能家和万事兴。

小测试：测测你的社交回避程度

社交回避指回避社会交往的倾向，是一种行为表现。社交回避并不等于不能参与社交。想知道你的社交回避程度吗？那就来测一测吧！

请认真阅读下面的每个题目，做出"是"或"否"的回答。

1. 我会尽量避免不得不参加交际应酬的情形。
2. 我并不特别想回避人们。
3. 我会尽量避免与别人讲话，除非特别熟。
4. 如果有与新同事相处的机会，我会抓住。
5. 我经常想离开人群。
6. 尽管房间里都是生人，我还是会过去。
7. 我会避免走进并加入到一大群人中间。
8. 当上司想同我谈话时，我很高兴与他谈话。
9. 我喜欢避开人群。
10. 在社交聚会上与人们交谈对我来说不成问题。
11. 我经常会想出一些借口以回避社交活动。

12. 我有时会充当为人们相互介绍的角色。

13. 我会尽量避开正式的社交场合。

14. 我通常会参加我所能参加的各种社会交往。

✓ 评分规则

第1、3、5、7、9、11、13题回答"是"计1分；第2、4、6、8、10、12、14题回答"否"计1分。

✓ 结果说明

本测试得分范围为0~14分。0分表示社交回避及苦恼程度最低，14分表示社交不适程度最高。其中，回避分超过9分的测试者，在社交活动中常常处于回避状态，不愿参与社交活动。

丈夫不愿做家务，不妨先夸夸他

> 家务活需要夫妻双方共同承担，对于不干家务活的丈夫，不要急着朝他发火，来试试这种拍马屁的招式，说不定比大喊大叫管用得多。

很多妻子经常抱怨丈夫太懒，不做家务活，做饭、洗衣服、拖地、擦桌子、整理衣物等，日常生活中的小事，都会成为家庭大战的导火索，使夫妻双方争吵不断。

其实，如果你掌握了方法，换一种沟通方式，就不会出现因为家务事而争吵的情况，即使原本不做家务活的丈夫也能在你的指使下做得很开心。这样，你们夫妻双方都会觉得融洽、愉快。

请你先想一想听到下面两句话时的感受。

（1）"你快点把地拖一遍，我要去洗碗，忙不过来。"

（2）"你力气大，拖地拖得也干净，拜托你拖一下地吧！"

如果你是被指使去拖地的那个人，你更喜欢哪一种说话方式呢？或者说，听到这两句话中的哪一句时，你会乖乖地去拖地又心无怨言呢？毫无疑问，我们都会选择第二句。

在与人相处的过程中，我们都希望得到他人的认可。当他人认可我们时，我们便会欣然接受对方的某些请求。

当人们听到第一句话时，大多会产生一种被迫的感觉，心里很不是滋味，即使做了这件事，心里也是十分不情愿的，还会有所抱怨。

当人们听到第二句话时，大多会觉得这是一种信任，是因为自己有能力做这件事才被委以重任的，因而心里并不会觉得不快。

因此，当你因为一些常见的家庭问题与对方起争执时，不妨用这一招，认可对方的能力，拍一拍对方的"马屁"，然后再拜托对方做某些事情。说不定，他就会乖乖地听你的号令去干家务活了。

在亲密关系中，虽然双方很熟悉，但是如果在相处的过程中不顾及对方的心理感受，忽视对方的心理诉求，那么矛盾与摩擦自然就会接踵而至。因此，时常拍一拍对方的"马屁"，既能让对方心甘情愿地去做事，又有助于经营夫妻关系，何乐而不为呢？

不尴尬金句

别总想着给对方下命令，说点好听的奉承话，是夫妻和谐相处的秘诀之一。

与伴侣的家人聊天，认准最佳话题

> 很多夫妻在单独与对方长辈相处时多多少少会感到尴尬，甚至不知道该聊些什么话题。那不如就一起聊聊你们都关心的人吧！

通常，当夫妻双方都跟对方的父母在一起时，聊天的氛围会很融洽，大家也都不会感到尴尬。但若伴侣不在身边，妻子单独跟公公婆婆相处，或者丈夫单独与岳父岳母相处，大多会以沉默收场，此时谈话氛围会僵住，走也不是，留也不是，令人很无奈。而且，如果不想办法化解尴尬，只会让相处越来越困难，甚至会影响家庭和睦。

其实，在这些场景中，有两个话题是永不过时的，而且你不用担心与对方没有共同语言。

当你单独与伴侣的父母在一起，又不知道该聊哪些话题时，不妨聊一聊他们的孩子，或者聊一聊你们的孩子。

1. 聊他们的孩子

所谓"聊他们的孩子",也就是聊你的伴侣。当然,如果你的伴侣有兄弟姐妹,你也可以适当地问候下。不可否认,聊你的伴侣是个很好的选择,不至于在一问一答后又回归到尴尬的沉默中。

在双方都沉默之时,你不妨问问对方:"××(你的伴侣)小时候是什么样的?是不是特别调皮呀?从小就不让你们省心吧?"当你打开了这个话题之后,就可以让伴侣的父母继续说下去了。如果有相册,你们还可以一边看相册一边聊天,这比生硬地找话题强多了。

当然,在聊到伴侣的童年趣事时,你可以主动分享自己的童年经历,告诉他们:"我小时候可爱哭了,还经常闯祸,有一次……"在这样欢声笑语的交流中,你们就不觉得尴尬了。

2. 聊你们的孩子

如果你和伴侣已经有了孩子,那么聊聊孩子的近况是很好的话题。"前阵子孩子还总嚷着想爷爷奶奶了,要到爷爷奶奶家住呢。""现在孩子每天都会自己吃饭,还不挑食,长高了不少呢!""您的外孙这次考试考了第一名呢!"相信老人们听到这些话时都会很开心。

另外,有些老人的方言口音比较重,因此作为媳妇或女婿在跟老人聊天时总是听不懂对方说的是什么意思,只好不开口,弄得场面很尴尬。如果你也是不愿开口的一员,那就需要改变一下想法了。

其实，偶尔展示一下你的好奇心，问问对方"您说的'×××'是什么意思啊？我没听明白"，相信对方会很愿意给你解释，说不定你还可以趁机学习一下他们的方言呢！这不是一举两得的事吗？

单独跟伴侣的家人聊天，不只你会无所适从，他们也不知道该跟你说些什么。所以，为了不再尴尬，你还是找些你们都感兴趣的话题来聊吧！相信经过几次相处之后，你就可以自然地与他们相处了。

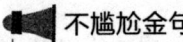不尴尬金句

聊一聊你们都关心的人和事，双方都会觉得自然。

不便直接交锋，不妨找个和事佬

> 家庭生活中出现矛盾与冲突都是不可避免的。如果你们针锋相对，互不妥协，只会影响双方的感情。此时，不妨找个局外人来调解矛盾，摆脱尴尬局面。

在家庭生活中不免会遇到一些磕磕绊绊，即使只是一些小事，谈话双方也会逐渐将这些小事放大。有时候双方都僵持着，谁也不让谁，因为都拉不下面子道歉。这种互不理睬、互不相让的氛围会令家庭成员十分不自在。其实，在很多情况下，亲密关系中的问题在其他场合也会得到妥善的解决。

有一位女士想买房，但是她老公不同意。尽管这位女士与她老公谈论多次，将买房的好处都一一列了出来，但她的老公始终不同意。

后来，一个偶然的机会，这位女士老公的一个好朋友与他聊起目前正在考虑买房，并建议他有钱的话就尽快在市里买一套。结果,这位女士的老公不仅没有反驳朋友的建议,反而还觉得朋友说得很有道理,甚至主动与女士商量买房的事情。

其实,类似的情况并不少见。双方互不妥协,两个人都觉得对方是从自己的利益出发,很少考虑伴侣的感受和利益,因而会对对方产生抵触心理。在他们看来,作为局外人的第三方是公正无私的代表,因为他们认为第三方会提出中肯的建议,不会故意与自己对着干。所以他们对第三方多了一分信任,对第三方的建议也会认真考虑。

如果你与家人正就某个问题僵持不下时,不妨寻求第三方的帮助,找个和事佬为你们从中调解。当然,在寻求第三方的帮助时,这个第三方最好是你们都熟悉的人,或者是对方更熟悉的人,以免引起对方的反感,使事情变得越来越糟。

总之,当你与家庭中某个成员僵持不下的时候,不要再钻牛角尖。你可以寻求其他家庭成员的帮助,也可以找对方的好朋友当说客。这并不代表他们的话比你的话有分量,而是因为他们能够引导对方用清醒的头脑去思考,更客观地看待问题。

📢 **不尴尬金句**

找个中立的第三方来调解矛盾,你们这两个当局者就不会闹得太尴尬。

婆婆干涉孩子的教育，用肯定化解争执

> 婆婆帮忙带孩子，既有功劳也有苦劳。即使你看不惯婆婆的育儿方式，也不要否定她的付出。你要时刻记得，你们的最终目的都是养好孩子。

公公婆婆帮忙照顾孩子的家庭不在少数，这样做可以减轻孩子父母的负担，但同时也使婆媳之间产生了一些矛盾。在孩子的教育问题上，两代人很可能出现分歧：老人有着以往带孩子的经验优势，但很难与时俱进；宝妈们学习了科学的育儿知识，也更关注孩子的心灵成长，但缺少实际的经验。教育观念不同，很容易引发矛盾。

婆婆总是对孩子的教育问题指手画脚，比如："孩子还小，喂饭又有什么关系？我乐意喂他吃。""不就是抢了小朋友的玩具嘛，又没什么大不了的！""报特长班有什么用呢，白白浪费钱。""有必要找这么贵的补习班吗？"这让很多宝妈不满。

两代人的教育观念不同，在教育孩子方面出现分歧是正常的，

关键是要化解矛盾，消除分歧，在教育孩子时站在同一战线上，而不是当着孩子的面争执。

当婆婆干涉孩子的教育，与你因为存在不同意见而发生争执时，你可以尝试采取"两步走"的策略。

1. 肯定对方："您说得有道理，只不过……"

婆婆帮忙带孩子是很辛苦的，如果你指责她对孩子的教育方法有问题，未免会让她心寒。当婆婆与你有不同的意见、做法时，你们不妨坐下来好好谈一谈。

首先，你要肯定婆婆，如对她说："您说得有道理。您对此有什么研究吗？"你的肯定会让婆婆觉得自己受到了重视，她也会将自己的想法都跟你说一说。如果你觉得婆婆的话具备一定的道理，这种教育方法确实可行，不妨认真思考一下。

但如果这只是婆婆的经验之谈，那你就有必要再与婆婆认真地探讨一下了。比如，你可以说："的确，您说得有道理，只不过，我有一个小小的建议……"相信在你这样说过之后，她会认真地倾听并很可能接受你的建议。

2. 借用别人家的孩子

如果你无法说服婆婆，那不妨借用别人家的孩子举例子给婆婆听。比如："我同事家的孩子一岁就开始自己吃饭了。""我一个朋友家的孩子现在就在上特长班，学习弹钢琴呢！""邻居家的××

每次见面都会主动跟我打招呼。"

当然，这些"别人家的孩子"只能作为你说服婆婆的依据，不要让它成为你教育孩子的标准。

总之，当婆婆质疑你的教育方法，或者与你教育孩子的方式存在分歧时，你不要急着否定她，而要耐心地征求她的意见，并坚持正确的做法，你们就不会因为这些矛盾闹得不可开交了。

请你相信，不论婆婆的教育观念如何，她的目的都是好的。因此，请你好好体会她的用心。如果实在说不通，那就借用别人家的孩子来说服她吧！一定要谨记，不要说"这是我的孩子，我来管"这类伤人心的话。

不尴尬金句

当与婆婆教育孩子的观念不同时，不要急着说服对方，用几个"别人家的孩子"举例，婆婆会更容易接受。

亲戚家的孩子总捣乱，让他自己做个选择

> 在家庭聚会的场合总是少不了"熊孩子"的身影。孩子玩闹得太过分，大人就不得不插手了。只有巧妙劝阻"熊孩子"的行为，场面才不至于太尴尬，也才能避免惹人不快。

在不是特别正式的场合，很多家长会告诉孩子"把这当成自己家，随便玩，随便闹"。即使有些家长偶尔会管教一两句，大多也不会太严厉，因此孩子还是吵吵嚷嚷的，这常常令招待的主人感到十分头痛。

本来孩子玩玩闹闹没有什么关系，但他们若做不合适的事情，就很容易引发事故。比如：若他们频繁出入厨房，就很容易被烫伤、碰倒；若他们在室内玩飞机、金箍棒等玩具，就很容易打碎物品或伤到其他人……

作为招待的主人，如果批评得轻了，孩子不往心里去，照样玩闹；如果批评得重了，孩子一哭闹，孩子的家长又不开心，这样很

容易就会把聚会的气氛弄僵，使得大家都尴尬。所以，掌握一些不尴尬社交的技巧是很重要的。

要应对家庭聚会上的顽皮孩子，你可以采取以下两种策略。

1. 说为孩子着想的话

说为孩子着想的话，意思是从孩子的角度考虑，不要责备他们，以免惹孩子哭闹或惹家长不快。

你在厨房里精心准备着食材，几个孩子围在你的周围。一不注意，一只小脏手就把盘子里的一块肉放进嘴里了；你再一回头，发现精美的摆盘菜也有了缺口。

此时，你不要责怪孩子，相反，你可以将这些当成笑话说给他们的家长听，然后你可以对孩子的家长说："刚做好的菜很烫，厨房里不是火就是热汤的，我真担心一不注意，孩子就会被烧伤、烫伤，你们能帮忙照看一下孩子，让他们别进入厨房吗？"

相信你说过这话之后，孩子的家长不仅不会觉得你多事，还会觉得你很为孩子着想，会多多感谢你呢！

2. 提供两个选项

面对吵吵闹闹的孩子，你可以运用说话的艺术来达到自己的目的。

比如，当孩子为玩一个玩具争吵不休时，你可以给他们提供两个选择："我这里有好喝的饮料，你们想喝苹果味的还是橘子味的？"这样，不管他们选择哪种口味的饮料，你都达到了目的——结束他们的争吵。

再如，当一个孩子发脾气，尿湿了裤子又不肯乖乖地换时，你可以对他说："这条蓝色的裤子和这条绿色的裤子，你想穿哪条？"当你这样对孩子说时，他们会觉得自己有选择的自由，而不是被强迫换裤子的，因此大多数孩子都会乖乖地换上干净的裤子。

即使是在与孩子交往时，我们也要注意社交方式，尊重孩子自主选择的意识，相信你的做法会让孩子的家长满意的。

不尴尬金句

面对亲戚家爱捣乱的孩子，提出两种方案，让他自己做个选择吧！

赞美定律：夸奖会缩短人与人之间的心理距离

> 一句赞美之言可以使人受到鼓舞，产生愉悦感，也可以拉近双方之间的心理距离。

每个人都渴望得到他人的赞美。在人际交往中，一句赞美的话会瞬间打破双方的心理隔阂，使人际关系迅速"破冰"。

在与人交往的过程中，多说赞美话，会给人以自信，给人以勇气，也会收获他人的好感，建立起良好的人际关系。不论是对陌生人、朋友，还是对自己的亲人，我们都不应该吝啬赞美之言。

美国著名的企业家、教育家与演讲口才艺术家卡耐基小时候非常淘气。卡耐基9岁的时候，他的父亲娶了一位夫人，也就是卡耐基的继母。

卡耐基的父亲一边向妻子介绍卡耐基，一边对她说："亲爱的，我希望你能注意这个全郡最坏的男孩。说不定在明天他就会拿石头扔你，或者做别的坏事，让你防不胜防。"

没想到，继母并没有讨厌卡耐基，反而微笑着走到卡耐基面前，看了看卡耐基，然后对丈夫说："你错了，他不是全郡最坏的男孩，而是最聪明的，只是他现在没有找到发挥热情的地方。"

继母的这番话就像一股暖流，让卡耐基的心里暖暖的，从此他与继母建立了深厚的友谊，也在继母的支持中取得了伟大的成就。

赞美是最好的礼物，你把赞美送给他人，他人会回馈你感激与友好，也会对你产生好感。这是一举两得的事情，何乐而不为呢？

一名记者做过一次调查，结果显示：经常赏识、赞美他人的人往往处事积极乐观，在人际交往中更受人欢迎，而且比一般人长寿；而经常指责、抱怨他人的人朋友很少，时常会感到孤单落寞，身心十分脆弱。

在人际交往中，我们要学着赞美他人，但赞美要讲究技巧，并不是说几句恭维话就能奏效的。在赞美他人时，我们要注意以下两点。

1. 赞美要真诚

如果你赞美他人时言不由衷，使他人感受不到你的真诚，对方自然也就无法对你产生好感，反而还会觉得你很虚伪，不值得交往。所以，赞美他人时一定不要说假大空的话，而要发自内心地真诚赞美。不想说的话可以不说，但一定不要说违心的话。

2. 赞美要独特

对于自己熟悉的人，我们可以从对方的事业、才华、品德等方面来赞美他；对于自己不熟悉的人，我们可以从自己听说的、看到的方面来赞美，比如称赞他做过的事，称赞他的相貌、服装搭配等。

即使是很小的一件事，你也可以从中找到值得称赞之处。这些独特的赞美会显得弥足珍贵，是你人际交往中的捷径，让你更快地收获对方的真心。

总之，不论是在初见对方，还是在与对方发生矛盾、产生隔阂后，说些真诚的赞美话，你们之间的心理距离便会逐渐缩短，相处也会越来越和谐。

> **不尴尬金句**
>
> 真诚地说些赞美对方的话，打破你们内心的隔阂，使交往更顺畅。

后记
POSTSCRIPT

与人交际，互动是必不可少的一部分。互动不到位，会给人难以亲近之感，令人感到疏离；互动太过，则会使双方之间的心理距离过近，令人感到不舒服。只有得体的言行、有分寸的社交，才会让人觉得自然、舒适，从而享受与你相处的乐趣。

不尴尬社交的主要目的就是与人自然愉快地交往。要达到这个目的，就要掌握两大方法：一是注重细节，有效避免社交尴尬；二是分清场合，轻松化解社交尴尬。当然，要想灵活地掌握这两大方法，实现不尴尬社交，还需要在社交实践中不断地运用并积累经验。